Langenscheidt

Fehlerfrei Englisch

Fehler erkennen und für immer vermeiden

von
Joanne Popp

Langenscheidt

Langenscheidt
Fehlerfrei Englisch
Fehler erkennen und für immer vermeiden

von Joanne Popp

Neuauflage der ISBN 978-3-12-563423-7

1. Auflage 2024

www.langenscheidt.com

Autorin: Joanne Popp, Korntal-Münchingen
Projektleitung: Angela de Riese
Redaktion: Isabel Klein, Gailingen am Hochrhein
Illustrationen: Dean Laxer
Einbandgestaltung: PONS Langenscheidt GmbH, Anne Pixaras, Stuttgart
Umschlagillustration: Dean Laxer
Satz: tebitron gmbh, Gerlingen
Druck und Bindung: Publikum d.o.o.

ISBN 978-3-12-563593-7

VORWORT

Richtig oder falsch?

Jetzt können Sie schon so gut Englisch und stolpern doch immer wieder über dieselben Hindernisse? Machen Sie Schluss damit! **Langenscheidt Fehlerfrei Englisch** hilft Ihnen dabei, typische Fehler effektiv zu verlernen.

Die Fehler in diesem Buch sind geordnet nach den Bereichen Wortschatz, Grammatik, Rechtschreibung und Aussprache, Stil sowie American oder British English. So können Sie gezielt einzelne Themen angehen oder auch einfach durchschmökern. Sicher werden Ihnen viele der Stolpersteine bekannt vorkommen und Sie können sie dank einleuchtender Erklärungen und vieler Beispielsätze aus dem Weg räumen.

Viel Spaß und Erfolg! *Ihre Langenscheidt-Redaktion*

Aufbau

speak, talk
sprechen, reden

Das Verb **speak** wird im Zusammenhang mit Sprachen verwendet oder wenn die Person, die spricht, wichtig ist (formelles Verb). Dagegen ist **talk** informell und impliziert eine sprechende und mindestens eine zuhörende Person.

I ~~talk~~ speak French and German.
Ich spreche Französisch und Deutsch.

Mr Smith will speak about the history of London.
Hr. Smith wird über die Geschichte Londons sprechen.

In der ersten Spalte finden Sie immer den korrekten Ausdruck und die Übersetzung.

- Bei jedem Fehler wird erklärt, was schieflaufen kann und wie es richtig heißt. Zusätzlich sehen Sie in einem übersetzten Beispielsatz die richtige Anwendung.
- Alles, was durchgestrichen ist, ist falsch. Häufig vorkommende Fehler erkennen Sie so auf den ersten Blick und können sie umgehen.

Be careful!

Be careful! heißt *Vorsichtig sein!* Hier gilt es besonders aufzupassen.

Cherry on top!

Bei **Cherry on top!** handelt es sich um *die Kirsche auf dem Kuchen*, also um das Sahnehäubchen, das kleine Extra – in diesem Fall um interessante sprachliche Zusatzinfos.

Nice to know!

Nice to know! bedeutet *gut zu wissen*. Hier können Sie noch etwas tiefer ins Thema einsteigen.

Remember!

Unter der Überschrift **Remember!** – *Denken Sie daran!* – werden Dinge wiederholt, die Sie sicher schon gelernt haben, die aber häufig vergessen werden.

QUIZ

Häufig verwechselte Verben

Let's quiz! Wenn ein deutsches Verb mehrere englische Entsprechungen hat, kann es manchmal schiefgehen und man entscheidet sich für das falsche Wort. Ein paar typische Beispiele gibt es hier im Quiz. Aufgepasst – manchmal sind auch zwei Lösungen richtig.

1. Can you ______ me a pen, please? ❍ A lend ❍ B borrow ❍ C hire
2. ______ me a coffee, please! ❍ A Go ❍ B Take ❍ C Bring

Quiz Zu vielen Themen finden Sie am Ende des Abschnitts ein Quiz. Hier können Sie gleich anwenden, was Sie gelernt haben. Ob alles stimmt, verraten Ihnen die Lösungen am unteren Seitenende.

Blitzquiz Im Blitzquiz testen Sie ganz schnell und zwischendurch, was Sie schon können. Die Lösung finden Sie immer direkt auf der nächsten Seite unten – einfach umblättern.

BLITZQUIZ
Was bekam Max im Restaurant?

❍ A He became a hamburger.

❍ B He got a hamburger.

INHALTSVERZEICHNIS

1. Wortschatz

2. Grammatik

3. Rechtschreibung und Aussprache

4. Stil

5. American English oder British English?

I. WORTSCHATZ

1. Falsche Freunde - False friends

Viele englische Wörter sind deutschen Wörtern sehr ähnlich, aber oft ist die Bedeutung doch ganz unterschiedlich. Hier folgt eine Auflistung der häufigsten Stolperfallen mit den jeweiligen falschen und richtigen deutschen Übersetzungen. Hätten Sie's gewusst?

adjectives
Adjektive

actual(ly)	~~*aktuell*~~	*eigentlich, tatsächlich*
	aktuell	**current, latest**
brave	~~*brav*~~	*tapfer, mutig*
	brav	**good, honest**
consequent	~~*konsequent*~~	*daraus folgend*
	konsequent	**consistent, logical**
decent	~~*dezent*~~	*anständig; angemessen*
	dezent	**subdued, subtle**
engaged	~~*engagiert*~~	*verlobt*
	engagiert	**dedicated, active**
eventual(ly)	~~*eventuell*~~	*schließlich, letzten Endes*
	eventuell	**maybe, perhaps**
familiar	~~*familiär*~~	*vertraut, bekannt*
	familiär	**informal**
genial	~~*genial*~~	*freundlich*
	genial	**ingenious, inspired**
ordinary	~~*ordinär*~~	*gewöhnlich, normal*
	ordinär	**vulgar, common**
pathetic	~~*pathetisch*~~	*erbärmlich*
	pathetisch	**solemn**
plump	~~*plump*~~	*rund(lich)*
	plump	**awkward, clumsy**
pregnant	~~*prägnant*~~	*schwanger*
	prägnant	**concise**

	self-conscious	~~*selbstbewusst*~~	*gehemmt, befangen*
		selbstbewusst	**confident**
	sensible	~~*sensibel*~~	*vernünftig*
		sensibel	**sensitive**
	sympathetic	~~*sympathisch*~~	*mitfühlend*
		sympathisch	**likeable, pleasant**
verbs *Verben*	**become**	~~*bekommen*~~	*werden*
		bekommen	**get**
	blame	~~*blamieren*~~	*jdm. die Schuld geben*
		blamieren	**disgrace, embarrass**
	irritate	~~*irritieren*~~	*jdn. verärgern, nerven*
		irritieren	**confuse**
	mob	~~*mobben*~~	*jdn. umringen*
		mobben	**harass, bully**
	must not	~~*nicht müssen*~~	*nicht dürfen*
		nicht müssen	**not have to**
	overhear	~~*überhören*~~	*zufällig mithören*
		überhören	**not hear, ignore**
	oversee	~~*übersehen*~~	*beaufsichtigen*
		übersehen	**overlook**
	reclaim	~~*reklamieren*~~	*zurückverlangen*
		reklamieren	**complain, protest**
	wonder	~~*sich wundern*~~	*sich etw. fragen*
		sich wundern	**be surprised**
education *Bildung*	**art**	~~*Art*~~	*Kunst*
		Art	**kind, sort, type**
	blackboard	~~*schwarzes Brett*~~	*(Schul-)Tafel*
		schwarzes Brett	**noticeboard**
	floor	~~*Flur*~~	*Fußboden; Etage*
		Flur	**hall, corridor**
	gymnasium	~~*Gymnasium*~~	*Turnhalle*
		Gymnasium	**grammar school**
	high school	~~*Hochschule*~~	*weiterführende Schule*
		Hochschule	**college**
	map	~~*Mappe*~~	*(Land-)Karte*
		Mappe	**folder**

note	~~*Note (Zensur)*~~	*Notiz*
	Note (Zensur)	**mark, grade**
promotion	~~*Promotion*~~	*Beförderung; Werbekampagne*
	Promotion	**doctorate**
stuff	~~*Stoff*~~	*Zeug, Sache*
	Stoff	**material, fabric**

work
Arbeit

chef	~~*Chef/in*~~	*Koch/Köchin*
	Chef/in	**boss**
chief	~~*Chef/in*~~	*Häuptling; Leiter/in*
	Chef/in	**boss**
concurrence	~~*Konkurrenz*~~	*Übereinstimmung*
	Konkurrenz	**competition**
control	~~*kontrollieren*~~	*steuern*
	kontrollieren	**check**
critic	~~*Kritik*~~	*Kritiker/in*
	Kritik	**criticism**
direction	~~*Direktion*~~	*Richtung*
	Direktion	**administration**
fabric	~~*Fabrik*~~	*Stoff (Gewebe)*
	Fabrik	**factory**
housemaster	~~*Hausmeister/in*~~	*Lehrer im Internat*
	Hausmeister/in	**caretaker**
overtake	~~*übernehmen*~~	*überholen*
	übernehmen	**take over**
packet	~~*Paket*~~	*Verpackung*
	Paket	**parcel**
personal	~~*Personal*~~	*persönlich*
	Personal	**staff, personnel**
physician	~~*Physiker/in*~~	*Arzt/Ärztin*
	Physiker/in	**physicist**
prospects	~~*Prospekte*~~	*Aussichten*
	Prospekte	**brochures, leaflets**
prove	~~*prüfen*~~	*beweisen*
	prüfen	**check, examine**
quote	~~*Quote*~~	*Zitat*
	Quote	**rate**

undertaker	~~*Unternehmer/in*~~	*Leichenbestatter/in*
	Unternehmer/in	**entrepreneur, businessman, businesswoman**
warehouse	~~*Warenhaus*~~	*Lager*
	Warenhaus	**department store**

finance, media and communication
Finanzen, Medien und Kommunikation

billion	~~*Billion*~~	*Milliarde*
	Billion	**trillion**
briefcase	~~*Brieftasche*~~	*Aktentasche*
	Brieftasche	**wallet**
caution	~~*Kaution*~~	*Vorsicht, Warnung*
	Kaution	**deposit, bail**
formula	~~*Formular*~~	*Formel*
	Formular	**form**
gift	~~*Gift*~~	*Geschenk*
	Gift	**poison**
handy	~~*Handy*~~	*handlich*
	Handy	**mobile/cell phone**
meaning	~~*Meinung*~~	*Bedeutung*
	Meinung	**opinion**
photograph	~~*Fotograf/in*~~	*Foto(grafie)*
	Fotograf/in	**photographer**
rate	~~*Rate*~~	*Kurs, Satz*
	Rate	**instalment**
rent	~~*Rente*~~	*Miete*
	Rente	**pension**
Roman	~~*Roman*~~	*Römer/in, römisch*
	Roman	**novel**
spare	~~*sparen*~~	*jdn. (ver)schonen*
	sparen	**save**
spend	~~*spenden*~~	*ausgeben (Geld); verbringen (Zeit)*
	spenden	**donate**

Cherry on top!

Es gibt einen berühmten deutschen Satz aus einer Rede des US-Präsidenten John F. Kennedy am 26. Juni 1963 vor dem Rathaus Schöneberg in Berlin:

Ich bin ein Berliner. – **I am a jelly(-filled) doughnut.**

Natürlich wollte sich der Präsident nicht selbst als Gebäck („Berliner", d.h. Pfannkuchen oder Krapfen) bezeichnen. Aus der Doppeldeutigkeit des Wortes „Berliner" entstand in den USA später eine Legende. Demnach habe sich JFK durch einen nicht ganz korrekten Sprachgebrauch zum Gespött gemacht. Obwohl dies nicht der Realität entspricht, wird die Legende bis heute gerne erzählt.

other *Sonstiges*			
	ambulance	~~*Ambulanz*~~	*Rettungswagen*
		Ambulanz	**outpatient department**
	engagement	~~*Engagement*~~	*Verlobung; Verabredung*
		Engagement	**commitment**
	menu	~~*Menü*~~	*Speisekarte*
		Menü	**set meal**

BLITZQUIZ

Wo findet das Public Viewing in London statt?

- ❍ **A** Madame Tussauds
- ❍ **B** Stadion
- ❍ **C** Leichenschauhaus

murder	~~*Mörder*~~	*Mord*
	Mörder	**murderer**
public viewing	~~*Public Viewing*~~	*öffentl. Leichenschau*
	Public Viewing	**open-air screening**
smoking	~~*Smoking*~~	*Rauchen*
	Smoking	**tuxedo**
station	~~*Station (Med.)*~~	*Bahnhof*
	Station (Med.)	**ward**
tablet	~~*Tablett*~~	*Tablette*
	Tablett	**tray**

Be careful!

Bei den folgenden Beispielen stimmt die Wortbedeutung tatsächlich überein, aber nur in einem bestimmten Kontext.

card	~~*(Speise-)Karte*~~	*(Post-, Scheck-, Visiten-)Karte*
	(Speise-)Karte	**menu**
flesh	~~*Fleisch (Essen)*~~	*(lebendes) Fleisch*
	Fleisch (Essen)	**meat**
marmalade	~~*Marmelade*~~	*Orangenmarmelade*
	Marmelade	**jam**
pension	~~*Pension (Hotel)*~~	*Pension (Rente)*
	Pension (Hotel)	**B&B**
recipe	~~*Rezept (Med.)*~~	*Rezept (Kochen)*
	Rezept (Med.)	**prescription**
sharp	~~*scharf (Essen)*~~	*scharf(kantig)*
	scharf (Essen)	**hot, spicy**

Lösung Blitzquiz
C

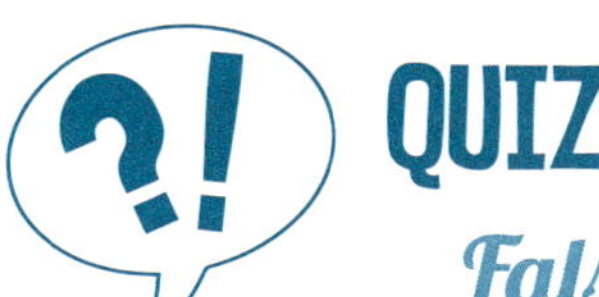

QUIZ

Falsche Freunde - False friends

Let's quiz!

Wenn ein deutsches Wort aussieht wie ein englisches Wort oder umgekehrt, muss man aufpassen. Ein paar typische Beispiele gibt es hier im Quiz. Aufgepasst – wie muss es richtig heißen?

1. Wo ist mein Handy?
   - ❍ A Where is my handy?
   - ❍ B Where is my mobile phone?
2. Was ist der Wechselkurs für Pfund?
   - ❍ A What's the exchange course for pounds?
   - ❍ B What's the exchange rate for pounds?
3. Das Kind ist echt brav.
   - ❍ A The child is well-behaved.
   - ❍ B The child is brave.
4. Der Lehrer war sympathisch.
   - ❍ A The teacher was sympathetic.
   - ❍ B The teacher was pleasant.
5. Mein Vater ist Physiker.
   - ❍ A My father is a physicist.
   - ❍ B My father is a physician.
6. Ich mag Orangenmarmelade auf mein Brot.
   - ❍ A I like marmalade on my bread.
   - ❍ B I like jam on my bread.
7. Es gab einen Mord im Park.
   - ❍ A There was a murderer in the park.
   - ❍ B There was a murder in the park.
8. Was ist deine Meinung?
   - ❍ A What's your opinion?
   - ❍ B What's your meaning?
9. Wo ist die Leiterin?
   - ❍ A Where is the chef?
   - ❍ B Where is the chief?
10. Dieses Essen ist scharf.
    - ❍ A This food is spicy.
    - ❍ B This food is sharp.

Lösungen

1. B, 2. B, 3. A, 4. B, 5. A, 6. A, 7. B, 8. A, 9. B, 10. A

2. Mehrdeutige Wörter

Einige Wörter im Deutschen sind mehrdeutig. Welche englische Übersetzung jeweils die richtige ist, hängt davon ab, welche Bedeutung gemeint ist.

Bank
bench, bank

We sat on the bench by the river.
Wir saßen auf der Bank am Fluss.

We took our money to the bank.
Wir brachten unser Geld zur Bank.

Karte
map, card, menu

I can't find the museum on the map.
Ich finde das Museum nicht auf der (Land-)Karte.

Thank you for the birthday card.
Vielen Dank für die Geburtstagskarte.

We can choose a starter from the menu.
Wir können eine Vorspeise von der Karte aussuchen.

Ziel
finish, aim, target

I was first at the finish.
Ich war als Erste/Erster am Ziel.

What are your aims for the project?
Was sind deine Ziele für das Projekt?

You have to shoot the target.
Du musst auf das Ziel schießen.

Eis
ice, ice cream

There is ice on the river.
Auf dem Fluss ist Eis (= gefrorenes Wasser).

Do you want ice cream with this?
Möchtest du Eis (= Eiscreme) dazu?

Note
mark, note, taste

My best mark was a B.
Meine beste Note war ein B.

I forgot the notes of the song.
Ich habe die Liednoten vergessen.

It had a slight lemon taste.
Es hatte eine leichte Zitronennote.

kosten
cost, try

The books cost five pounds each.
Die Bücher kosten jeweils fünf Pfund.

Try this cheese, it's delicious.
Koste mal diesen Käse, er ist lecker.

Scheibe
slice, pane

Can I have three slices of cheese, please?
Kann ich bitte drei Scheiben Käse haben?

The window has three panes of glass.
Das Fenster hat drei Glasscheiben.

Tor
goal, gate

I scored two goals on Saturday.
Ich habe am Samstag zwei Tore geschossen.

Come through the back gate.
Komm durch das hintere Tor.

Kasten
crate, box

I bought five crates of beer for the party.
Ich habe fünf Kästen Bier für das Fest gekauft.

There is a box of toys in the attic.
Auf dem Dachboden ist ein Kasten mit Spielzeug.

unheimlich
scary, really

The house was scary.
Das Haus war unheimlich.

The man was really nice.
Der Mann war unheimlich nett.

schwer
hard, heavy, difficult

The exam was hard.
Die Prüfung war schwer (= schwierig).

This is a heavy suitcase.
Dies ist ein schwerer Koffer.

Maths problems are difficult.
Matheaufgaben sind schwer (= schwierig).

leicht
easy, light, slight

This exercise is easy.
Diese Aufgabe ist leicht.

This bag is light.
Diese Tasche ist leicht.

There is a slight breeze.
Es gibt eine leichte Brise.

Uhr
clock, watch, time

The old clock on the tower is broken.
Die alte Uhr auf dem Turm ist kaputt

I got a watch for my birthday.
Ich habe eine Uhr zum Geburtstag bekommen.

What time is it?
Wie viel Uhr ist es?

Platte
dish, slab, record

There is a dish of cold meats on the table.
Auf dem Tisch ist eine Wurstplatte.

We used 30 slabs for the terrace.
Wir nahmen 30 (Stein-)Platten für die Terrasse.

There were records before CDs.
Vor CDs gab es (Schall-)Platten.

homographs
Homographe

Homographe sind Wörter, die gleich geschrieben, aber unterschiedlich ausgesprochen werden.

bow	[baʊ]	*beugen*	[bəʊ]	*Schleife*
close	[kləʊs]	*nah*	[kləʊz]	*schließen*
content	[ˈkɒntent]	*Inhalt*	[kənˈtent]	*zufrieden*
contract	[ˈkɒntrækt]	*Vertrag*	[kənˈtrækt]	*zusammenziehen*
export	[ˈekspɔ:t]	*Export*	[ikˈspɔ:t]	*exportieren*
house	[haʊs]	*Haus*	[haʊz]	*unterbringen*
import	[ˈimpɔ:t]	*Import*	[imˈpɔ:t]	*importieren*
object	[ˈɒbʤikt]	*Objekt*	[əbˈʤekt]	*widersprechen, dagegen sein*
lead	[led]	*Blei*	[li:d]	*Leine; führen*
live	[laiv]	*live*	[liv]	*leben, wohnen*
lives	[laivz]	*Leben (Pl.)*	[livz]	*wohnt*
present	[ˈpreznt]	*Geschenk*	[priˈzent]	*präsentieren*
produce	[ˈprɒdju:s]	*Erzeugnisse*	[prəˈdju:s]	*herstellen*
read	[ri:d]	*lesen*	[red]	*las; gelesen*
record	[ˈrekɔ:d]	*Eintrag; Aufzeichnung*	[riˈkɔ:d]	*aufnehmen*
refuse	[ˈrefju:s]	*Abfall*	[riˈfju:z]	*ablehnen*
row	[rəʊ]	*Reihe; rudern*	[raʊ]	*Streit; (sich) streiten*
subject	[ˈsʌbʤikt]	*Subjekt; Thema*	[səbˈʤekt]	*unterwerfen*
suspect	[ˈsʌspekt]	*verdächtig; Verdächtige/r*	[səˈspekt]	*vermuten; verdächtigen*
tear	[teə]	*reißen*	[tiə]	*Träne*
use	[ju:s]	*Verwendung*	[ju:z]	*verwenden*
wind	[wind]	*Wind*	[waind]	*aufrollen, aufwickeln, aufziehen*
wound	[wu:nd]	*Wunde; verwunden*	[waʊnd]	*wickelte auf*

homophones
Homophone

Homophone sind Wörter, die gleich ausgesprochen, aber unterschiedlich geschrieben werden.

[eit]	**ate**	*aß*	**eight**	*acht*
[eə]	**air**	*Luft*	**heir**	*Erbe*
[beə]	**bare**	*nackt*	**bear**	*Bär; (er)tragen*
[bɔ:d]	**board**	*Brett*	**bored**	*gelangweilt*
[breik]	**brake**	*Bremse*	**break**	*Pause; brechen*
[ˈsiəriəl]	**cereal**	*Müsli*	**serial**	*Serie*
[diˈzɜ:t]	**desert**	*verlassen*	**dessert**	*Nachtisch*
[ˈflaʊə]	**flour**	*Mehl*	**flower**	*Blume*
[hiə]	**hear**	*hören*	**here**	*hier*
[ˈaʊə]	**hour**	*Stunde*	**our**	*unser*
[nju:]	**knew**	*wusste*	**new**	*neu*
[nəʊ]	**know**	*wissen*	**no**	*nein; kein*
[mi:t]	**meat**	*Fleisch*	**meet**	*treffen*
[wʌn]	**one**	*eins*	**won**	*gewann*
[peə]	**pair**	*Paar*	**pear**	*Birne*
[si:]	**sea**	*Meer*	**see**	*sehen*
[sʌn]	**son**	*Sohn*	**sun**	*Sonne*
[swi:t]	**suite**	*Suite*	**sweet**	*süß*
[sʌm]	**some**	*einige*	**sum**	*Summe*
[tu:]	**too**	*auch; zu*	**two**	*zwei*
[ðeə]	**their**	*ihr*	**there**	*da, dort*
[weit]	**wait**	*warten*	**weight**	*Gewicht*
[weə]	**wear**	*tragen*	**where**	*wo*
[ˈweðə]	**weather**	*Wetter*	**whether**	*ob*
[witʃ]	**which**	*welche(r/s)*	**witch**	*Hexe*
[wʊd]	**wood**	*Holz, Wald*	**would**	*würde*

Cherry on top!

Diese Formen sind sich zum Verwechseln ähnlich:

[li:d]	**lead**	*Leine*	[li:d]	**lead**	*führen*
[led]	**lead**	*Blei*	[led]	**led**	*führte; geführt*
[ri:d]	**read**	*lesen*	[ri:d]	**reed**	*Schilf*
[red]	**read**	*las; gelesen*	[red]	**red**	*rot*

Let's quiz! Welche Wörter sind hier gemeint?

		A	B
1.	ate	❍ A [eit]	❍ B [ait]
2.	sea	❍ A [si:ə]	❍ B [si:]
3.	some	❍ A [sʌm]	❍ B [sɒm]
4.	hour	❍ A [ˈhaʊə]	❍ B [ˈaʊə]
5.	[teə]	❍ A reißen	❍ B Träne
6.	[ju:z]	❍ A Verwendung	❍ B verwenden
7.	[kləʊs]	❍ A nah	❍ B schließen
8.	[haus]	❍ A Haus	❍ B unterbringen

Lösungen

1. A, 2. B, 3. A, 4. B, 5. A, 6. B, 7. A, 8. A

3. Häufig verwechselte Verben

Manche englische Verben werden – in Anlehnung an deutsche Strukturen – oft falsch verwendet. Diese häufig vorkommenden Beispiele bringen etwas Licht ins Dunkel.

do, make, have, take
machen

~~make~~ do/take a course
einen Kurs machen

~~make~~ do an internship
ein Praktikum machen

~~make~~ do homework
Hausaufgaben machen

~~make~~ do the shopping
den Einkauf machen

~~make~~ do your hair/nails
sich die Haare/Nägel machen

~~do~~ make a cake
einen Kuchen machen

~~do~~ make a mistake
einen Fehler machen

~~do~~ make a phone call
einen Anruf tätigen

~~make~~ have an experience
eine Erfahrung machen

~~make~~ have/throw a party
eine Party machen

~~make~~ take a photo
ein Foto machen

~~make~~ take/sit an exam
eine Prüfung machen

become
werden

get
bekommen, werden

have
haben

He became a famous scientist.
Er wurde ein berühmter Wissenschaftler.

become a teacher
Lehrer/in werden

get tired/old
müde/alt werden

get married – get divorced
heiraten – sich scheiden lassen

He became/got rich.
Er wurde reich.

She studied hard and got a good job.
Sie lernte viel und bekam einen guten Job.

Can I get a drink, please?
Kann ich mir bitte etwas zu trinken holen?

Can I ~~get~~ have a drink, please?
Kann ich bitte etwas zu trinken bekommen?

have breakfast/lunch
frühstücken/zu Mittag essen

~~become~~ get/receive a present
ein Geschenk bekommen

~~get~~ have a child
ein Kind bekommen/haben

She ~~became~~ had a baby.
Sie bekam ein Baby.

Was bekam Max im Restaurant?

- ❍ **A** He became a hamburger.
- ❍ **B** He got a hamburger.

borrow, lend
(aus)leihen

Das Verb **borrow** bezieht sich auf die Person, die etwas erhalten möchte.

Can I borrow your bike, please?
Kann ich mir bitte dein Fahrrad ausleihen?

Das Verb **lend** bezieht sich auf die Person, die etwas gibt.

Can you lend me your bike, please?
Kannst du mir bitte dein Fahrrad ausleihen?

Remember!

Prägen Sie sich die Wörter am besten als komplette Strukturen ein.

to borrow something from someone
sich etwas von jemandem ausleihen

to lend something to someone
to lend someone something
jemandem etwas ausleihen

bring, take
bringen

Wird einem etwas entgegengebracht („zu mir"), dann heißt es **bring.**

Bring me the books, please.
Bring mir bitte die Bücher.

Could you bring the parcel here?
Könnten Sie das Paket hierherbringen?

Das Verb **take** ist richtig, wenn es sich um eine (Fort-)Bewegung zu einem Ort handelt, an dem sich der Sprecher oder die Sprecherin nicht befindet.

Will you take me to the station in the morning?
Bringst du mich morgen früh zum Bahnhof?

Jane is out: she's taking her son to the doctor.
Jane ist unterwegs: Sie bringt ihren Sohn zum Arzt.

Lösung Blitzquiz
B

carry, wear
tragen

Das Verb **wear** bezieht sich auf Kleidungsstücke, die man an(gezogen) hat.

She's wearing a blouse and jeans.
Sie hat eine Bluse und Jeans an.

Für Sachen, die in der Hand getragen werden, ist **carry** richtig.

She's carrying a bag and her jacket.
Sie trägt eine Tasche und ihre Jacke (in der Hand).

fit, match, suit
passen

Die Verben **fit, match** und **suit** haben eine sehr ähnliche Bedeutung. Es kommt auf den Zusammenhang an.

These trousers fit me.
Diese Hose passt mir (von der Größe her).

These trousers match my sweater.
Diese Hose passt zu meinem Pullover (von der Farbe oder vom Muster/Stil her).

These trousers suit me.
Diese Hose passt zu mir (= steht mir).

find
finden

found
gründen

Diese beiden Verben werden leicht verwechselt, weil die Form **found** mehrdeutig ist: Das Verb **find** ist unregelmäßig und hat die Vergangenheitsform **found**. Dagegen ist das Verb **found** regelmäßig.

I found my keys in my blue bag.
Ich fand meine Schlüssel in meiner blauen Tasche.

Let's found a company together!
Lasst uns zusammen eine Firma gründen!

divide, share (out)
(auf)teilen

Die Verben **divide** und **share out** drücken aus, dass man etwas zwischen mehreren Personen zu gleichen Teilen (gerecht) aufteilt. Dagegen bedeutet **share**, dass man sich etwas mit einer anderen Person teilt und es gemeinsam nutzt.

We divided the cherries up between us.
Wir teilten die Kirschen zwischen uns auf.

We shared (out) Sarah's cherries.
Wir teilten Sarahs Kirschen (auf).

remember, remind
erinnern

Bei diesen beiden Verben kommt es darauf an, auf welche Person man sich bezieht; **remember** heißt *sich erinnern*, **remind** dagegen *jemanden (an etwas) erinnern.*

I can't remember her name.
Ich kann mich nicht an ihren Namen erinnern.

Remind me to phone Jane.
Erinnere mich daran, Jane anzurufen.

realize, remark
bemerken

Beide Verben können mit *bemerken* übersetzt werden. Im Englischen muss man jedoch zwischen **remark** und **realise** unterscheiden.

I realized I had made a mistake.
Ich bemerkte, dass ich einen Fehler gemacht hatte.

My dad remarked that my brother was late.
Mein Vater merkte an, dass mein Bruder spät dran war.

Remember!

Prägen Sie sich die Wörter am besten als komplette Strukturen ein.

to realize something (= to notice)
etwas (be)merken, erkennen, feststellen

to remark something (= to say)
etwas anmerken, bemerken, äußern

say, tell
sagen, erzählen

Das Verb **say** hat die allgemeine Bedeutung *sagen*, während **tell** meist im Zusammenhang mit einer anderen Person im Sinne von *informieren* oder *befehlen* verwendet wird. Auch sind die möglichen Strukturen mit beiden Verben unterschiedlich.

Direkt vor einem Nebensatz kann nur **say** stehen.

She ~~told~~ said (that) she had a new job.
Sie erzählte/sagte, dass sie einen neuen Job hat.

Vor einem Personalpronomen als Objekt ist dagegen nur **tell** möglich.

She ~~said~~ told me about her new job.
Sie erzählte mir von ihrem neuen Job.

They ~~said~~ told him to go home.
Sie sagten ihm, dass er nach Hause gehen soll.

Be careful!

In der Regel erfordert das Verb **tell** zwei Objekte.

to tell something to someone
to tell someone (about) something
jemandem etwas erzählen

Folgende feststehende Ausdrücke mit nur einem Objekt sind Ausnahmen:

tell a joke
einen Witz erzählen

tell a story
eine Geschichte erzählen

tell a lie
lügen

tell the truth
die Wahrheit sagen

speak, talk
sprechen, reden

Das Verb **speak** wird im Zusammenhang mit Sprachen verwendet oder wenn die Person, die spricht, wichtig ist (formelles Verb). Dagegen ist **talk** informell und impliziert eine sprechende und mindestens eine zuhörende Person.

I ~~talk~~ speak French and German.
Ich spreche Französisch und Deutsch.

Mr Smith will speak about the history of London.
Hr. Smith wird über die Geschichte Londons sprechen.

I need to speak to you about the report.
Ich muss mit Ihnen über den Bericht sprechen.

I need to talk to you about the weekend.
Ich muss mit dir über das Wochenende reden.

Mark will talk about the marketing plan.
Mark wird über den Marketingplan sprechen.

They can ~~speak~~ talk and get to know each other.
Sie können reden und sich kennenlernen.

look for, search (for)
suchen

Die beste Übersetzung für *suchen* ist im Allgemeinen **look for**. Das Verb **search** meint eher eine intensivere Suche im Sinne von *durchsuchen*.

I looked for my keys in my bag.
Ich suchte in meiner Tasche nach meinen Schlüsseln.

I searched the house from top to bottom.
Ich durchsuchte das Haus von oben nach unten.

I searched the internet for holiday flats.
Ich suchte im Internet nach Ferienwohnungen.

hear, listen
hören

see, watch
sehen

Die Verben **hear** und **see** beziehen sich auf eher zufälliges, ungeplantes Hören und Sehen, während **listen** und **watch** eine bewusste, meist gewollte Tätigkeit ausdrücken.

I heard a sudden noise.
Ich hörte plötzlich ein Geräusch.

I saw Richard in town.
Ich sah Richard (zufällig) in der Stadt.

I listened to the music.
Ich hörte die Musik (an).

I watched an exciting film.
Ich sah (mir) einen spannenden Film (an).

Nice to know!

Diese feststehenden Ausdrücke kommen sehr häufig vor:

watch television/watch TV
fernsehen

listen to the radio
Radio hören

grow (up)
(auf)wachsen

show
(auf)zeigen

show up
auftauchen, erscheinen

Vorsicht bei dem Wörtchen **up**: Es kann die Bedeutung dieser Verben komplett verändern.

Potatoes grow in our garden.
Kartoffeln wachsen in unserem Garten.

I grew up in England.
Ich bin in England aufgewachsen.

The author shows many problems.
Die Autorin zeigt viele Probleme auf.

I waited for an hour and she didn't show up.
Ich wartete eine Stunde und sie tauchte nicht auf.

stand, say
stehen

Das deutsche Verb *stehen* ist wesentlich häufiger als das englische **stand**. Welche Übersetzung die richtige ist, hängt vom Kontext ab. In Verbindung mit Texten heißt *stehen* auf Englisch **say**.

I was standing at the bus stop when you called.
Ich stand an der Bushaltestelle, als du angerufen hast.

It says in the text that it was the first museum.
Es steht im Text, dass es das erste Museum war.

It said 'I love Berlin' on her T-shirt.
Es stand „I love Berlin" auf ihrem T-Shirt.

get up, stand up
aufstehen

Das deutsche Verb *aufstehen* kann auch einige Probleme bereiten, wenn es ins Englische übersetzt wird.

I get up at six o'clock every morning.
Ich stehe jeden Morgen um sechs Uhr auf.

I stood up when the doorbell rang.
Ich stand auf, als es an der Tür klingelte.

Bett → **get up**

Es kommt stets darauf an, von wo man aufsteht: Für das morgendliche Aufstehen aus dem Bett geht nur **get up**.

treat
behandeln

threaten
bedrohen

Beide Verben sehen ähnlich aus und werden deshalb oft verwechselt. Sie werden jedoch ganz unterschiedlich ausgesprochen und haben auch nichts mit dem deutschen Verb *treten* zu tun. Das Verb **treat** steht oft in Kombination mit einem Adverb.

The doctor treated the patients.
Der Arzt behandelte die Patienten.

I was treated badly.
Ich wurde schlecht behandelt.

The burglars threatened the woman.
Die Einbrecher bedrohten die Frau.

rise
(auf)steigen, sich erheben

raise
(er)heben, erhöhen

Das Verb **rise** ist unregelmäßig (**rise – rose – risen**) und steht ohne Objekt.

The smoke rose from the fire.
Vom Feuer stieg der Rauch auf.

Our profits have risen this year.
In diesem Jahr ist unser Gewinn gestiegen.

Das Verb **raise** ist regelmäßig und steht mit Objekt.

My boss has raised my salary.
Mein Chef hat mein Gehalt erhöht.

Please raise your hand if you have a question.
Bitte heben Sie die Hand, wenn Sie eine Frage haben.

Cherry on top!

Das Verb **rise** wird auch im Zusammenhang mit Gestirnen verwendet; das Gegenteil heißt hier **set**.

The sun rises at 5 o'clock.
Die Sonne geht um 5 Uhr auf.

The sun sets at 6 o'clock.
Die Sonne geht um 6 Uhr unter.

be supposed to
sollen

should
sollte

Hier macht der Buchstabe „t" im deutschen Verb den Unterschied: Für *sollen* verwendet man im Englischen **be supposed to**, *sollte* heißt auf Englisch **should**.

We are supposed to do our homework every day.
Wir sollen unsere Hausaufgaben jeden Tag machen.

You should do your homework every day.
Du solltest deine Hausaufgaben jeden Tag machen.

affect
beeinflussen, betreffen

effect
bewirken; (Aus-)Wirkung

Die Wörter **affect** und **effect** haben eine sehr ähnliche Bedeutung und Aussprache. Während **effect** als Nomen und als Verb geläufig ist, kommt **affect** meistens als Verb vor.

The problems didn't affect me.
Die Probleme haben mich nicht betroffen.

The problems had no effect on me.
Die Probleme hatten keine Auswirkung auf mich.

The tablets I took effected an improvement.
Die Tabletten, die ich genommen habe, bewirkten eine Verbesserung.

elect, vote
wählen

Nach dem Verb **elect** folgt meistens eine Person, die gewählt wird. Das Verb **vote** meint *wählen* im Sinne von *seine Stimme abgeben* und steht oft in Kombination mit einer Präposition.

We elected a new prime minister.
Wir wählten einen neuen Premierminister.

We voted in the general election.
Wir gaben in der Parlamentswahl unsere Stimme ab.

deal with, cope with, handle
händeln, behandeln, umgehen mit

Für die deutschen Verben *umgehen*, *behandeln* oder *händeln* gibt es eine ganze Reihe von möglichen englischen Übersetzungen.

He can cope with the big class.
Er kann gut mit der großen Klasse umgehen.

He can deal with big classes.
Er kennt sich mit großen Klassen aus.

He knows how to handle big classes.
Er weiß, wie man große Klassen behandelt/händelt.

Remember!

Die Verben **deal** und **cope** brauchen **with, handle** aber nicht.

fall *fallen*

feel *fühlen*

fell *fällen*

Diese drei Verben werden leicht verwechselt. Das liegt auch daran, dass **fell** sowohl der Infinitiv des Verbs *fällen* als auch die Vergangenheitsform von **fall** sein kann. Das Verb **fell** ist regelmäßig und kommt nicht so häufig vor. Dagegen sind **fall** und **feel** unregelmäßige Verben.

She fell off her bike.
Sie fiel von ihrem Fahrrad.

I felt so lonely when everyone was on holiday.
Ich fühlte mich einsam, als alle im Urlaub waren.

We felled three huge trees at the weekend.
Wir fällten am Wochenende drei riesige Bäume.

let, have, leave *lassen*

Für das deutsche Verb *lassen* gibt es verschiedene Entsprechungen im Englischen. Aufgepasst:

Lassen im Sinne von *erlauben:* **let**
Let him go to the party.
Lass ihn zur Party gehen.

Lassen im Sinne von *machen lassen* (als Hilfe oder Dienstleistung): **have**
He has a friend help him with his homework.
Er lässt sich von einem Freund bei den Hausaufgaben helfen.

Lassen im Sinne von *zurücklassen*: **leave**
They left the dog at home.
Sie haben den Hund zu Hause gelassen.

Be careful!

Hier besteht Verwechslungsgefahr:

to have something done
etwas (von jemandem) machen lassen

to get something done
etwas (selbst) erledigen

learn, find out, meet, get to know
(kennen)lernen, erfahren

Ob *(kennen)lernen* oder *erfahren* – meistens sollte im Englischen **get to know** verwendet werden.

The readers learn a lot about the characters.
Die Leser erfahren viel über die Charaktere.

We found out too late about the delay.
Wir erfuhren zu spät von der Verspätung.

I met him at the party last weekend.
Ich lernte ihn auf der Party letztes Wochenende kennen.

I got to know him at work.
Ich habe ihn bei der Arbeit näher kennengelernt.

lie
liegen

lay
legen

lie
lügen

Diese drei Verben sind sich nicht nur ähnlich, **lie** und **lay** sind auch mehrdeutig. Die Vergangenheitsform von **lie** sieht aus wie der Infinitiv von **lay**.

The baby was lying in his cot.
Das Baby lag in seinem Kinderbett.

The cat lay all day in the sun.
Die Katze lag den ganzen Tag in der Sonne.

He laid down the book and went to sleep.
Er legte das Buch hin und schlief ein.

I lay my head on the pillow to sleep.
Ich legte meinen Kopf auf das Kissen, um zu schlafen.

He was lying when he spoke to the teacher.
Er log, als er mit der Lehrerin sprach.

differ, differentiate, distinguish, tell from
(sich) unterscheiden

Hier ist es gar nicht so einfach, die passende englische Übersetzung zu finden. Es kommt darauf an, ob das Verb mit oder ohne Objekt steht.

The schools differ completely.
Die Schulen unterscheiden sich komplett.

They can't differentiate between right and wrong.
They can't differentiate right from wrong.
They can't distinguish between right and wrong.
Sie können nicht zwischen richtig und falsch unterscheiden.

He couldn't tell one child from the other.
Er konnte ein Kind nicht vom anderen unterscheiden.

miscellaneous verbs
sonstige Verben

Viele Wendungen darf man nicht einfach wörtlich vom Deutschen ins Englische übersetzen. Solche Ausdrücke sollte man sich merken, um Fehler zu vermeiden.

~~write~~ take an exam/a test
~~write~~ have an exam/a test
~~write~~ sit an exam/a test
eine Arbeit schreiben

~~hold~~ give a speech
~~hold~~ make a speech
~~hold~~ deliver a speech
eine Rede halten

QUIZ

Häufig verwechselte Verben

Let's quiz! Wenn ein deutsches Verb mehrere englische Entsprechungen hat, kann es manchmal schiefgehen und man entscheidet sich für das falsche Wort. Ein paar typische Beispiele gibt es hier im Quiz. Aufgepasst – manchmal sind auch zwei Lösungen richtig.

	A	B	C
1. Can you ______ me a pen, please?	❍ A lend	❍ B borrow	❍ C hire
2. ______ me a coffee, please!	❍ A Go	❍ B Take	❍ C Bring
3. Those shoes ______ your bag.	❍ A fit	❍ B suit	❍ C match
4. ______ to buy some milk, please!	❍ A Remind	❍ B Remember	❍ C Forget
5. We ______ a new president.	❍ A voted for	❍ B elected	❍ C voted to
6. I ______ my lunch with my neighbour.	❍ A added	❍ B divided	❍ C shared
7. I ______ my parents about the accident.	❍ A said	❍ B told	❍ C spoke
8. The sun ______ in the east.	❍ A rises	❍ B raises	❍ C raised
9. I can ______ three languages.	❍ A talk	❍ B say	❍ C speak
10. The dog ______ under the tree.	❍ A lied	❍ B lie	❍ C lay

11. I ______ off my bike and broke my arm. ❍ A fell ❍ B fall ❍ C feel

12. I ______ this book in the attic. ❍ A found ❍ B find ❍ C founded

13. He ______ me his garden when he ______. ❍ A showed; showed ❍ B showed; showed up ❍ C showed up; showed

14. I can ______ my homework tomorrow. ❍ A make ❍ B do ❍ C have

15. We ______ divorced last year. ❍ A leave ❍ B let ❍ C got

16. Sarah ______ a baby yesterday. ❍ A had ❍ B got ❍ C became

17. It ______ in the email he'll be late. ❍ A get up ❍ B says ❍ C stand

18. We all ______ for the national anthem. ❍ A stands up ❍ B get up ❍ C stood up

19. I ______ my final exams next week. ❍ A take ❍ B write ❍ C make

20. My dad ______ a speech at my wedding. ❍ A held ❍ B spoke ❍ C gave

Lösungen

1. A, 2. C, 3. C, 4. B, 5. A, B, 6. C, 7. B, 8. A, 9. C, 10. C, 11. A, 12. A, 13. B, 14. B, 15. C, 16. A, 17. B, 18. C, 19. A, 20. C

4. Häufig verwechselte Nomen

man
Mann

husband
Ehemann

woman
Frau

wife
Ehefrau

Geht es hier um irgendeinen Mann bzw. irgendeine Frau oder um den Ehepartner? Am besten schaut man sich den ganzen Satz genau an. Dann wird klar, welches englische Wort das richtige ist.

I have been married to my ~~man~~ husband for three years.
Ich bin seit drei Jahren mit meinem (Ehe-)Mann verheiratet.

That man over there is my husband.
Der Mann da drüben ist mein Ehemann.

The woman in the black dress is famous.
Die Frau im schwarzen Kleid ist berühmt.

I love my ~~woman~~ wife.
Ich liebe meine (Ehe-)Frau.

marriage
Ehe

wedding
Hochzeit

Das englische Nomen **wedding** bezieht sich nur auf den Tag der Eheschließung. Die Zeit danach heißt **marriage**.

Their marriage has been very happy.
Ihre Ehe ist sehr glücklich.

It was a lovely day for the wedding.
Es war ein schöner Tag für die Hochzeit.

complement
Ergänzung

compliment
Kompliment

Diese beiden Nomen werden im Englischen gleich ausgesprochen. Ein **complement** ergänzt eine Sache und ein **compliment** bekommt jemand normalerweise über die eigene Person. Hier kann der Buchstabe „i“ als Eselsbrücke dienen (**I** = *ich*).

This wine is a great complement to the dish.
Dieser Wein ist eine tolle Ergänzung zu dem Gericht.

Thank you for the compliment.
Vielen Dank für das Kompliment.

cause
Grund, Ursache

course
Kurs, Lauf

curse
Fluch

Diese drei Nomen werden sowohl bezüglich Aussprache als auch Schreibweise leicht durcheinandergebracht.

What is the cause of the problem?
Was ist der Grund für das Problem?

I took part in a French course.
Ich habe an einem Französischkurs teilgenommen.

There is a curse on this house.
Es liegt ein Fluch auf diesem Haus.

food
Essen

foot
Fuß

Bei diesen Nomen besteht das Problem darin, dass „oo" jeweils unterschiedlich ausgesprochen wird. Ist das „oo" lang [u:] oder kurz [ʊ]? Außerdem hat **food** keine Mehrzahl (unzählbares Nomen) und **foot** hat einen unregelmäßigen Plural: **feet.**

Is there any food [fu:d] in the kitchen?
Gibt es in der Küche etwas zu essen?

I hurt my foot [fʊt] in the accident.
Ich habe bei dem Unfall meinen Fuß verletzt.

My feet [fi:t] hurt.
Meine Füße tun weh.

recipe
(Koch-)Rezept

prescription
Rezept, Verordnung (med.)

receipt
Quittung, Kassenbon

Das deutsche Wort *Rezept* ist mehrdeutig und kann daher leicht verwechselt werden. Gehe ich mit meinem Rezept in die Küche oder zur Apotheke? Und anders als man vielleicht annehmen könnte, bedeutet **receipt** eben nicht *Rezept.*

Can you give me the recipe for these biscuits?
Kannst du mir das Rezept für diese Kekse geben?

Take this prescription to the chemist.
Bring dieses Rezept zur Apotheke.

Did you get a receipt for these trousers?
Hast du eine Quittung für diese Hose bekommen?

meaning
Bedeutung

opinion
Meinung

Hier kann ein „falscher Freund" Probleme verursachen: **meaning** heißt nicht *Meinung*, sondern *Bedeutung*.

What is the meaning of this text?
Was ist die Bedeutung dieses Textes?

In my opinion we have to talk about the problem.
Meiner Meinung nach müssen wir über das Problem sprechen.

(Great) Britain
Großbritannien

the British
die Briten

Briton
Brite, Britin

Britain (Abkürzung für **Great Britain**) wird ausschließlich für das Land verwendet und nicht für die Bewohner.

England, Scotland and Wales together are called Britain.
England, Schottland und Wales zusammen sind Großbritannien.

The British, meistens in der Mehrzahl verwendet, bezeichnet die Bewohner von Großbritannien. Als Adjektiv wird **British** übrigens auch groß geschrieben.

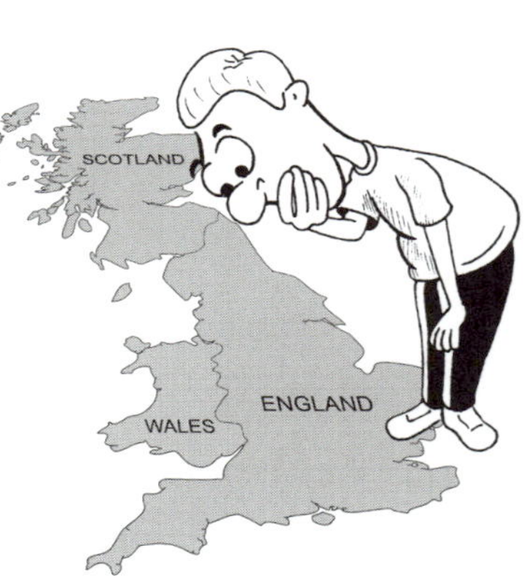

The British like football.
Die Briten mögen Fußball.

Briton bezeichnet eine einzelne Person, die aus Großbritannien kommt.

A real Briton always talks about the weather.
Eine echter Brite/Eine echte Britin redet immer über das Wetter.

Remember!

United Kingdom (UK) heißt *Vereinigtes Königreich* und umfasst ganz Großbritannien und Nordirland.

QUIZ

Häufig verwechselte Nomen

Let's quiz! Jetzt mal sehen, ob es klappt! Welche Wörter sind richtig?

		A	B
1.	You can't have two ______ at the same time.	❍ A men	❍ B husbands
2.	That ______ over there looks like my sister.	❍ A woman	❍ B wife
3.	What is the ______ of this word?	❍ A opinion	❍ B meaning
4.	Their ______ won't last five minutes.	❍ A wedding	❍ B marriage
5.	I've lost my ______ for my medicine.	❍ A recipe	❍ B prescription
6.	My ______ smells great. I'm so hungry.	❍ A food	❍ B foot
7.	I've lived in ______ all my life.	❍ A Britain	❍ B Briton
8.	What is the ______ of your illness?	❍ A curse	❍ B cause
9.	I looked in the mirror and gave myself a ______.	❍ A compliment	❍ B complement

Lösungen

1. B, 2. A, 3. B, 4. B, 5. B, 6. A, 7. A, 8. B, 9. A

5. Häufig verwechselte Adjektive

groß
big, great, large

Die Adjektive **big** und **large** beschreiben konkrete Objekte und Menschen.

a big man
ein großer (und schwerer) Mann

a large building
ein großes Gebäude

Sie können auch zählbare abstrakte Nomen beschreiben. Das Adjektiv **large** ist etwas förmlicher als **big.**

a big mistake
ein großer Fehler

a large order
eine große Bestellung

In Verbindung mit meist unzählbaren abstrakten Nomen bedeutet **great** *groß.*

There is great interest in the project.
Es besteht großes Interesse an dem Projekt.

Be careful!

Aufgepasst: **great** hat auch noch eine andere Bedeutung, nämlich *großartig.*

a great woman – a great idea
eine großartige Frau – eine großartige Idee

klein
little, small

Das Gegenteil von **big** und **large** lautet in der Regel **small**. Das Adjektiv **little** drückt dazu noch eine Verniedlichung, Sympathie oder Mitleid aus.

a small child – a little child
ein kleines Kind – ein (süßes) kleines Kind

Das Gegenteil von **great** in Kombination mit unzählbaren abstrakten Nomen ist **little** (im Sinne von *wenig*).

There is little interest in the project.
Es besteht wenig Interesse an dem Projekt.

hoch, groß
high, tall

Das Adjektiv **tall** steht meistens in Verbindung mit Dingen, die deutlich höher als breit sind (z.B. Gebäude, Bäume, Menschen, usw.). In anderen Fällen wird eher **high** verwendet (z.B. Berge, Mauern, usw.); **high** wird auch für die meisten Sachen bevorzugt, die man im Deutschen mit *hoch* bezeichnet.

You can't see the river because of the tall building.
Du kannst den Fluss wegen des hohen Gebäudes nicht sehen.

The tall man took the book from the top shelf.
Der große Mann nahm das Buch vom oberen Regal.

The tall tree blew over in the wind.
Der große Baum stürzte im Wind um.

The man is over two metres tall.
Der Mann ist über zwei Meter groß.

The high mountains are in the south.
Die hohen/großen Berge sind im Süden.

They built a high wall between the houses.
Sie bauten eine hohe Mauer zwischen den Häusern.

glücklich
happy, lucky

Beide Adjektive können im Deutschen mit *glücklich* übersetzt werden. Im Englischen wird jedoch genau unterschieden, ob es sich eher um ein inneres Gefühl (→ **happy**) oder einen äußeren Zufall (→ **lucky**) handelt. Die Wendung **be lucky** bedeutet auf Deutsch *Glück haben*.

I'm so happy! We're going on holiday tomorrow.
Ich bin so glücklich! Wir fahren morgen in den Urlaub.
(Hier sind ein inneres Glücksgefühl und Zufriedenheit gemeint.)

The lucky winners won 300 pounds.
Die glücklichen Gewinner gewannen 300 Pfund.
(Hier handelt es sich um einen glücklichen Zufall.)

I was lucky that the train was late.
Ich hatte Glück, dass der Zug Verspätung hatte.

spaßig, lustig, komisch
fun, funny

Das Adjektiv **funny** kann mit *komisch* übersetzt werden. Hier kann sowohl die Bedeutung *lustig* als auch *merkwürdig* gemeint sein.

David is a fun person.
David ist ein spaßiger Mensch.

David is a funny person.
David ist ein komischer Mensch.

David tells funny stories.
David erzählt lustige/merkwürdige Geschichten.

gelangweilt
bored

langweilig
boring

Beide Adjektive können mit *langweilig* übersetzt werden. Aber Vorsicht: Wer oder was ist langweilig? Hier muss man im Englischen unterscheiden.

He's bored.
Ihm ist langweilig./Er ist gelangweilt.

He's boring.
Er ist langweilig.

interessiert
interested

interessant
interesting

Aufgepasst – hier besteht Verwechslungsgefahr. Das Adjektiv **interested** bedeutet *interessiert*, dagegen heißt **interesting** auf Deutsch *interessant*.

I'm interested.
Ich bin interessiert.

He's interested in the book.
Er interessiert sich für das Buch.

The book is interesting.
Das Buch ist interessant.

menschlich
human, humane

Hier muss man besonders aufpassen. Diese beiden Adjektive sehen sehr ähnlich aus und haben die gleiche deutsche Übersetzung. Im Englischen werden sie jedoch ganz unterschiedlich ausgesprochen und auch verwendet. Das Adjektiv **human** wird dann gebraucht, wenn man den biologischen Unterschied (z.B. zu Tieren) deutlich machen möchte. Bei **humane** geht es dagegen um ethische Aspekte (z.B. Mitgefühl).

It's human to make mistakes.
Irren ist menschlich.

This is a human bone.
Das ist ein Menschenknochen/ein Knochen eines Menschen.

The animals aren't kept in humane conditions.
Die Tiere werden unter unmenschlichen Bedingungen gehalten.

The treatment of slaves was inhumane.
Der Behandlung von Sklaven war unmenschlich.

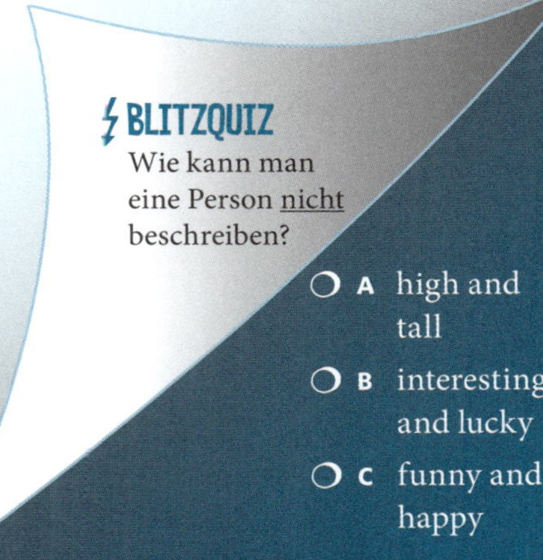

BLITZQUIZ
Wie kann man eine Person nicht beschreiben?

- A high and tall
- B interesting and lucky
- C funny and happy

QUIZ

Häufig verwechselte Adjektive

Let's quiz! Alles klar mit den Adjektiven? Welche englischen Wörter passen hier?

1.	I would love a ______ ice cream.	❍ A large	❍ B big	❍ C great
2.	My ______ sister is three.	❍ A small	❍ B great	❍ C little
3.	There was a ______ person at the door.	❍ A funny	❍ B fun	❍ C funnily
4.	My holiday was so ______.	❍ A bored	❍ B bore	❍ C boring
5.	The ______ building in the city was a skyscraper.	❍ A taller	❍ B tallest	❍ C high
6.	The ______ winners can choose a prize.	❍ A happy	❍ B lucky	❍ C fun

Lösungen
1. B (A), 2. C, 3. A, 4. C, 5. B, 6. B

Lösung Blitzquiz
A

6. Häufig verwechselte Präpositionen

Präpositionen sind die kleinen, aber wichtigen Wörtchen, bei denen häufig Fehler passieren. Sie werden im Englischen und im Deutschen teilweise ganz unterschiedlich verwendet. Schauen Sie mal!

before
vor (zeitlich)

in front of
vor (örtlich)

Hier kommt es in erster Linie darauf an, ob die Bezeichnung *vor* zeitlich oder örtlich gemeint ist.

I'm always busy before the holidays.
Ich habe vor den Ferien immer viel zu tun.

He was born three days before Christmas.
Er wurde drei Tage vor Weihnachten geboren.

She often sits in front of her mirror.
Sie sitzt oft vor ihrem Spiegel.

There is a green bench in front of the house.
Eine grüne Bank ist vor dem Haus.

Lots of people were standing in front of me.
Viele Leute standen vor mir.

Be careful!

In bestimmten Zusammenhängen kann **before** auch im örtlichen Sinn verwendet werden, z.B. wenn jemand etwas gesehen hat oder wenn es sich um eher formelle Sprache handelt.

It happened before my eyes.
Es geschah (direkt) vor meinen Augen.

They stopped before a large villa.
Sie hielten vor einer großen Villa an.

In Verbindung mit einem vergangenen Zeitraum (z.B. *vor zwei Wochen*) braucht man im Englischen das Adverb **ago**. Es wird immer nachgestellt.

I met her at a party three years ago.
Ich lernte sie vor drei Jahren auf einer Feier kennen.

at **I was at school this morning.**
Heute Morgen war ich in der Schule.

What are you doing at the weekend?
Was machst du am Wochenende?

What did you buy at the flea market?
Was hast du auf dem Flohmarkt gekauft?

I will wait for you at home.
Ich warte zu Hause auf dich.

We met at 3 o'clock.
Wir trafen uns um 15 Uhr.

I stayed at grandma's on Sunday.
Ich übernachtete am Sonntag bei Oma.

Wait for me at the bus stop.
Warte an der Bushaltestelle auf mich.

on **The food is on the table.**
Das Essen ist auf dem Tisch.

I only work on weekdays.
Ich arbeite nur an Werktagen.

My birthday is on 17th April.
Mein Geburtstag ist am 17. April.

We watched the film on TV.
Wir sahen den Film im Fernsehen.

Lucy and her friends are on the bus.
Lucy und ihre Freunde sitzen im Bus.

There are lots of people on board this boat.
Es sind viele Menschen an Bord dieses Bootes.

We went to the castle on foot.
Wir sind zu Fuß zum Schloss gegangen.

to

We walked to the lighthouse.
Wir sind zum Leuchtturm gelaufen.

We went to the zoo on Saturday.
Wir gingen am Samstag in den Zoo.

It's quarter to three.
Es ist viertel vor drei.

We are going to England on holiday.
Wir fahren nach England in den Urlaub.

about, across, over, via
über

Let's talk about our trip.
Lass uns über unseren Ausflug reden.

We went across the river in a boat.
Wir sind in einem Boot über den Fluss gefahren.

Go over the bridge.
Gehe über die Brücke.

Drive via the motorway.
Fahre über die Autobahn.

by, until
bis

Beide Präpositionen heißen auf Deutsch *bis*. In Verbindung mit Fristen wird im Englischen **by** verwendet.

I must finish this text by Friday.
Ich muss diesen Text bis Freitag fertig haben.

I will be busy with this text until Friday.
Ich werde bis Freitag mit diesem Text beschäftigt sein.

for
seit (Zeitraum)

since
seit (Zeitpunkt)

Für einen Zeitraum verwendet man im Englischen **for**, für einen Zeitpunkt **since**.

I've been waiting here for three hours.
Ich warte seit drei Stunden hier.

I've lived in London since April 2010.
Ich lebe seit April 2010 in London.

at the beginning/ end (of)
am Anfang/ Ende (von)

Aller Anfang ist schwer … Nach **at the beginning/end** kann eine Ergänzung mit **of** folgen; hier wird also ein konkreter Zeitpunkt bezeichnet. Dagegen bezieht sich **in the beginning/end** auf einen größeren, allgemeinen Zeitraum.

At the beginning of the story the hero was nasty.
Am Anfang der Geschichte war der Held böse.

At the end of the story the hero is nice.
Am Ende der Geschichte ist der Held nett.

in the beginning/end
anfangs/ schließlich

In the beginning he was very shy.
Anfangs war er sehr schüchtern.

In the end he relaxed and was very talkative.
Schließlich entspannte er sich und redete viel.

describing a picture
ein Bild beschreiben

Mit Präpositionen kann man Bilder genau beschreiben. Betrachten Sie einmal das Bild auf der nächsten Seite. Wo ist was? Diese Ausdrücke können hier helfen.

1 **in the top left corner** – *in der Ecke oben links*

2 **at the top** – *oben*

3 **in the top right corner** – *in der Ecke oben rechts*

4 **on the left** – *auf der linken Seite, links*

5 **in the middle** – *in der Mitte*

6 **on the right** – *auf der rechten Seite, rechts*

7 **in the bottom left corner** – *in der Ecke unten links*

8 **at the bottom** – *unten*

9 **in the bottom right corner** – *in der Ecke unten rechts*

in the foreground – *im Vordergrund*

in the background – *im Hintergrund*

at the front – *vorne*

at the back – *hinten*

in the background	at the back	
in the top left corner	at the top	in the top right corner
on the left	in the middle	on the right

in the bottom left corner	at the bottom	in the bottom right corner
in the foreground	at the front	

BLITZQUIZ

Wo ist das Blümchen im Bild?

- ❍ **A** in the bottom right corner
- ❍ **B** at the front
- ❍ **C** on the right

QUIZ

Häufig verwechselte Präpositionen

Let's quiz! Wie muss es auf Englisch richtig heißen – **in, on, at** oder doch anders? Hier können Sie testen, ob Sie sich alles gemerkt haben.

	A	B	C
1. I've lived here ______ January.	❍ A to	❍ B since	❍ C for
2. I'll be in the office ______ three o'clock.	❍ A by	❍ B until	❍ C to
3. I lived in England for ______ five years.	❍ A via	❍ B across	❍ C over
4. Put your things ______ the table.	❍ A on	❍ B at	❍ C up
5. Let's meet ______ twelve.	❍ A to	❍ B at	❍ C on
6. I was ______ school when it happened.	❍ A at	❍ B for	❍ C on
7. It's quarter ______ one.	❍ A to	❍ B on	❍ C before
8. There are two cars ______ the house.	❍ A before	❍ B in the foreground	❍ C in front of
9. Cars drive ______ the left in England.	❍ A in	❍ B on	❍ C at
10. Let's go to the cinema ______ Monday.	❍ A in	❍ B to	❍ C on

Lösungen
1. B, 2. B (A), 3. C, 4. A, 5. B, 6. A, 7. A, 8. C, 9. B, 10. C

Lösung Blitzquiz
A, B, C

7. Häufig verwechselte Wörter (verschiedene Wortarten)

all
alle(s), ganz

All bedeutet *alles* – so viel ist klar. Spannend wird es erst im Zusammenspiel mit den anderen Möglichkeiten – aber dazu später mehr. Im Unterschied zum Deutschen wird **all** nicht angeglichen, sondern ist unveränderlich.

I think all countries are worth visiting.
Ich denke, alle Länder sind eine Reise wert.

I spent all my money on shoes last month.
Ich habe letzten Monat mein ganzes Geld für Schuhe ausgegeben.

every
jede(r/s)

Every wird immer mit einem Nomen zusammen verwendet. Im Deutschen wird es manchmal auch mit *alle* übersetzt.

Take two tablets every two hours.
falsch: ~~Take two tablets **all** two hours.~~
Nehmen Sie alle zwei Stunden zwei Tabletten.

Every weekend we go to the pub.
Wir gehen jedes Wochenende in den Pub.

each
jede(r/s)
einzelne

Each ähnelt in der Bedeutung **every**, unterstreicht aber mehr die Individualität. Es kann im Satz auch nachgestellt werden.

Each person has their own skills and faults.
Jeder Einzelne hat seine eigenen Fähigkeiten und Schwächen.

Nice to know!

Wenn ein Personalpronomen auf **each** folgt, wird **of** dazwischengeschoben. **Each** kann auch nach dem Pronomen stehen – dann ohne **of**.

Each of them has a dog. / They each have a dog.
Sie haben beide einen Hund.

as … as
so … wie

Mit diesen Wörtern kann man Vergleiche ausdrücken. Wenn **as … as** zusammen mit einem Adjektiv steht, bedeutet es *so … wie*. **Like** bedeutet *wie* und erfordert kein Adjektiv.

as
als

English is as important as Maths.
Englisch ist genauso wichtig wie Mathe.

like
wie

The two friends are like sisters.
Die beiden Freundinnen sind wie Schwestern.

Aber wenn **as** alleine steht, heißt es *als*:

Her job as a doctor is hard.
Ihr Job als Ärztin ist schwierig.

much
viel

many
viele

Die Verwechslung dieser beiden Wörter ist einer der häufigsten Fehler, die im Englischen gemacht werden. Für unzählbare Nomen (im Singular) verwendet man **much** und für zählbare Nomen (im Plural) **many**.

How much money have you got?
Wie viel Geld hast du dabei?

How many eggs do we need?
Wie viele Eier brauchen wir?

a lot of, lots of
viel, viele

Bei **a lot of** und **lots of** spielt es keine Rolle, ob die Nomen in der Einzahl oder Mehrzahl sind.

We have a lot of eggs in the fridge.
We have lots of eggs in the fridge.
Wir haben viele Eier im Kühlschrank.

I have a lot of money in my wallet.
I have lots of money in my wallet.
Ich habe viel Geld in meinem Geldbeutel.

Remember!

Much und **many** werden im Gegensatz zu **a lot of** und **lots of** vor allem in Fragen und verneinten Sätzen verwendet.

at last
endlich, schließlich

at least
mindestens, wenigstens

Ein einziger Buchstabe kann einen großen Unterschied machen. Das „e" ist hier der Schlüssel.

The books I ordered have arrived at last.
Endlich sind die Bücher, die ich bestellt habe, angekommen.

We should at least call and say we will be late.
Wir sollten wenigstens anrufen und sagen, dass wir später kommen.

Remember!

Das Wörtchen **least** ohne **at** ist die 2. Steigerungsform von **little**: Es bedeutet *am wenigsten.*

this
dies, diese(r/s)

these
diese

Zwischen **this** und **these** muss man im Englischen genau unterscheiden. Es kommt darauf an, ob es sich um die Einzahl oder die Mehrzahl handelt.

This is my favourite book.
Dies ist mein Lieblingsbuch.

These are my favourite books.
Dies(e) sind meine Lieblingsbücher.

accept
annehmen, akzeptieren

except (for)
außer

Obwohl **accept** und **except** sehr ähnlich aussehen, haben sie ganz unterschiedliche Übersetzungen und gehören auch zu verschiedenen Wortarten. Das Verb **accept** ähnelt dem deutschen *akzeptieren.*

I accepted his apology and we are friends again.
Ich nahm seine Entschuldigung an und wir sind wieder Freunde.

We saw everything except the museums.
Wir sahen alles außer den Museen.

They accepted my credit card for everything except the tip.
Sie akzeptierten meine Kreditkarte für alles außer dem Trinkgeld.

quiet
ruhig, leise; Ruhe

quite
ziemlich

Obwohl **quiet** und **quite** sich sehr ähnlich sehen, haben sie nichts miteinander zu tun. Das Wörtchen **quiet** kann ein Adjektiv oder ein Nomen sein; **quite** ist ein Adverb.

Please be quiet.
Sei bitte ruhig/leise.

I need some peace and quiet.
Ich brauche Ruhe und Frieden.

He is quite tall.
Er ist ziemlich groß.

That is quite a different subject.
Das ist ein völlig anderes Thema.

because
weil

because of
wegen

Because ist eine Konjunktion und verbindet zwei Satzhälften; es leitet einen Nebensatz ein. Dagegen ist **because of** eine Präposition, auf die lediglich eine Ergänzung mit einem Nomen folgt.

She was in hospital because she needed an operation.
Sie war im Krankenhaus, weil sie eine OP brauchte.

The bus was late because of an accident.
Der Bus hatte Verspätung wegen eines Unfalls.

while
während (Konjunktion)

during
während (Präposition)

Beide Wörter heißen auf Deutsch *während*. Daher werden sie leicht verwechselt. Im Englischen muss man genau unterscheiden: **while** ist eine Konjunktion und leitet einen Nebensatz ein. Dagegen ist **during** eine Präposition und erfordert nur eine Ergänzung mit einem Nomen.

While I was eating, the phone rang.
Während ich gegessen habe, klingelte das Telefon.

During the football match the phone rang.
Während des Fußballspiels klingelte das Telefon.

then
dann, danach

than
als (nur bei Vergleichen)

Vorsicht, Verwechslungsgefahr! Diese beiden Wörtchen haben ganz unterschiedliche Funktionen.

We went to the cinema then had a pizza.
Wir gingen ins Kino und dann haben wir Pizza gegessen.

My brother is older than me.
Mein Bruder ist älter als ich.

excuse me, sorry
Entschuldigung, Pardon, tut mir leid

Hier kann eine Eselsbrücke helfen: **Excuse me** kommt früher im Alphabet und wird im Englischen vor dem „Ereignis“ gesagt. **Sorry** kommt später und wird danach gesagt. Mit **excuse me** entschuldigt man sich also vorab, z.B. wenn man jemanden unterbricht, nach etwas fragt oder (bewusst) auf eine Weise beeinträchtigt. Man kann sich hinterher auch dafür entschuldigen, aber dann nur mit **sorry**.

Excuse me, can I get past you?
Entschuldigung, kann ich mal vorbei?

I'm sorry I walked into you.
Tut mir leid, dass ich Sie angerempelt habe.

thing
Ding, Sache

think
denken

Um diese beiden Wörter zu unterscheiden, kann man sich am Deutschen orientieren. Hier steht genauso entweder ein „g“ oder ein „k“ im Wort.

It's really a big thing!
Es ist wirklich eine große Sache!

I think I'll buy a new car.
Ich denke, ich werde ein neues Auto kaufen.

advice
Rat, Ratschlag

advise
beraten

practice
Übung

practise
üben

Diese Wörter folgen dem gleichen Muster: Die Nomen werden mit „c“ geschrieben und die Verben mit „s“. Beide Nomen sind außerdem unzählbar. Sie haben also weder eine Pluralform noch einen unbestimmten Artikel **a/an** davor.

He gave me some good advice.
Er gab mir einen guten Rat.

We were advised by the bank.
Die Bank hat uns beraten.

I'm out of practice.
Ich bin aus der Übung.

We have to practise our text for the play.
Wir müssen unseren Text für das Stück üben.

Be careful!

Im amerikanischen Englisch wird auch das Verb **practice** mit „c“ geschrieben. Mehr dazu folgt in Kapitel V.

dead
tot

death
Tod

Die im Deutschen gleich klingenden Laute [t] am Wortende sind bei diesem Paar der Grund der Verwechslung.

The man was dead when he arrived at the hospital.
Der Mann war tot, als er im Krankenhaus ankam.

His death was caused by a heart attack.
Sein Tod wurde durch einen Herzinfarkt verursacht.

dear
lieb, teuer

deer
Hirsch, Reh, Wild

Bei **deer** muss man doppelt aufpassen: Es hat eine unregelmäßige Pluralform **(one deer, two deer)** und es sollte nicht mit dem Adjektiv **dear** verwechselt werden.

We saw three deer in the forest.
Wir sahen drei Rehe im Wald.

The trousers were dear and I didn't buy them.
Die Hose war teuer und ich habe sie nicht gekauft.

weather
Wetter

whether
ob

Obwohl diese Verwechslung berüchtigt ist, passiert sie immer wieder. Das Nomen **weather** wird mit „a" geschrieben und die Konjunktion **whether** ohne „a", dafür mit zwei „h".

The weather will be nice for the wedding.
Das Wetter wird an der Hochzeit schön sein.

I don't know whether I should ask her.
Ich weiß nicht, ob ich sie fragen soll.

Who knows whether the weather will be good or bad?
Wer weiß, ob das Wetter gut oder schlecht sein wird?

it's (= it is)
es ist

its
sein(e), ihr(e)

Diese Verwechslung kommt sogar bei Muttersprachlern vor. Schreibt man es mit oder ohne Apostroph? Schauen Sie einfach, ob anstatt **it's** auch **it is** möglich wäre – dann braucht man den Apostroph.

It's not my problem, it's yours.
Es ist nicht mein Problem, es ist deins.

Look at the dog – I think its leg is hurt.
Schau dir mal den Hund an – ich glaube, sein Bein ist verletzt.

there
da, dort

their
ihr(e)

they're (= they are)
sie sind

Häufig werden diese drei Ausdrücke verwechselt, denn sie hören sich alle gleich an. Der feine Unterschied liegt in der Schreibweise.

There is a fly in my soup.
Da ist eine Fliege in meiner Suppe.

Their friends are really loud.
Ihre Freunde sind sehr laut.

They're late as usual.
Sie sind wie gewöhnlich spät dran.

life
Leben

live
leben

live
live

Hier kann einiges durcheinandergeraten, weil die Mehrzahl des Nomens **life (lives)** und die 3. Person des Verbs **live (he/she/it lives)** gleich aussehen. Allerdings ist die Aussprache unterschiedlich.

My life [laif] **is perfect since I met you.**
Mein Leben ist perfekt, seitdem ich dich kennenlernte.

Cats have seven lives [laivz].
Katzen haben sieben Leben.

We live [liv] **in Berlin.**
Wir leben in Berlin.

She lives [livz] **next to my grandparents.**
Sie wohnt neben meinen Großeltern.

Aber: Bei **live** (Adjektiv oder Adverb) ändert sich die Schreibweise nie und die Aussprache ist wie im Deutschen.

We saw Elton John live [laiv] **in concert.**
Wir sahen Elton John bei einem Live-Konzert.

to
zu, an, nach, bis

too
auch; (all)zu

two
zwei

Diese drei Wörtchen werden alle gleich ausgesprochen bei unterschiedlicher Schreibweise.

It was too hot in the sun.
Es war zu heiß in der Sonne.

I want an ice cream too.
Ich möchte auch ein Eis.

I went to school with my two dogs.
Ich ging mit meinen zwei Hunden zur Schule.

wear
tragen, anhaben

we're (= we are)
wir sind

were
waren

where
wo

Es gibt wohl kaum einen Text, in dem nicht mindestens eins dieser vier Wörter vorkommt. Deshalb lohnt es sich, sie sich zu merken, um Verwechslungen zu vermeiden.

I wear a uniform at work.
Ich trage eine Uniform bei der Arbeit.

We're happy with our marks.
Wir sind glücklich mit unseren Noten.

We were late and the bus didn't come.
Wir waren spät dran und der Bus kam nicht.

Where do you live? – I live here.
Wo wohnst du? – Ich wohne hier.

critic
Kritiker/in

critical
kritisch, entscheidend

criticism
Kritik

criticize
kritisieren

Diese Wortfamilie ist groß und daher passieren hier leicht Fehler. Wenn man jemanden oder etwas kritisieren möchte, muss man wissen, wie es geht!

The critic was very positive about the film.
Der Kritiker äußerte sich sehr positiv über den Film.

My aunt is in a critical condition in hospital.
Meine Tante ist in einem kritischen Zustand im Krankenhaus.

If I have one criticism, it's about the food.
Wenn ich eine Kritik habe, dann wegen des Essens.

I don't mean to criticize, but can you walk faster, please?
Ich möchte nicht kritisieren, aber kannst du bitte schneller laufen?

Be careful!

Eine *Film-/Buchkritik (Rezension)* heißt auf Englisch **review**.

BLITZQUIZ

Wie muss es richtig heißen?

- A Paul went too the park to.
- B Paul went to the park too.
- C Paul went to the park two.

although
obwohl

though
obwohl, jedoch, allerdings

through
durch

tough
hart, zäh

thorough
gründlich

Diese fünf Wörter sehen sich äußerst ähnlich und werden sehr leicht verwechselt. Abgesehen von **although/though** ist die Aussprache auch ganz unterschiedlich.

Although [ɔːlˈðəʊ] **I ran I still missed the bus.**
Though [ðəʊ] **I ran I still missed the bus.**
Obwohl ich gerannt bin, habe ich den Bus verpasst.

I don't want to be late though [ðəʊ].
Ich möchte jedoch nicht zu spät kommen.

We had to walk through [θruː] **a dark tunnel.**
Wir mussten durch einen dunklen Tunnel gehen.

The steaks in the restaurant were tough [tʌf].
Die Steaks im Restaurant waren zäh.

The journey was tough [tʌf].
Die Reise war beschwerlich.

We made a thorough [ˈθʌrə] **search of the house.**
Wir nahmen eine gründliche Durchsuchung des Hauses vor.

used to, back then, … ago, formerly
früher, damals

Als Übersetzung für *früher/damals* wird dem Deutschen entsprechend gerne **in former times** genommen. Das sagen Muttersprachler aber eher selten.
Diese Ausdrücke sind geläufiger: **back then, 100 years ago, in 1952, in those days, in the old days, formerly.**
Am allerbesten verwendet man **used to + Infinitiv**.

I used to be able to play the piano.
Ich konnte früher Klavier spielen.

We used to live in London.
Früher wohnten wir in London.

Lösung Blitzquiz
B

which
welche(r/s); der, die, das

witch
Hexe

white
weiß

with
mit

Sogar Muttersprachler haben zum Teil Probleme, zwischen **which** und **witch** zu unterscheiden. Vielleicht können folgende Beispiele für mehr Klarheit sorgen.

Which is the road to Ipswich?
Welche Straße führt nach Ipswich?

It's the road which is blue on the map.
Es ist die Straße, die auf der Karte blau ist.

The witch had an itch.
Die Hexe litt unter Juckreiz.

Snow is white.
Schnee ist weiß.

We went on holiday with friends.
Wir sind mit Freunden in den Urlaub gefahren.

Which is the white witch with the itch?
Welche ist die weiße Hexe mit dem Juckreiz?

QUIZ

Häufig verwechselte Wörter (verschiedene Wortarten)

Let's quiz! Für so viele deutsche Wörter gibt es mehrere Möglichkeiten im Englischen. Kein Wunder, dass es leicht schiefgehen kann und man sich für das falsche Wort entscheidet. Sehen Sie sich einmal diese Beispiele an. Alles klar?

	A	B	C
1. ______ apple costs 20p.	❍ A Each	❍ B Every	❍ C All
2. We had a sandwich ______ the break.	❍ A while	❍ B during	❍ C since
3. The red car is faster ______ the blue one.	❍ A as	❍ B then	❍ C than
4. Look at that house, ______ windows are dirty.	❍ A it's	❍ B its	❍ C its'
5. I can't decide ______ to go into town.	❍ A whether	❍ B if	❍ C weather
6. This shirt is ______ big.	❍ A too	❍ B to	❍ C two
7. The ______ didn't write a very good review.	❍ A critical	❍ B criticism	❍ C critic
8. What does he ______ of this book?	❍ A thing	❍ B think	❍ C thinks
9. It was ______ in the hospital.	❍ A quietly	❍ B quite	❍ C quiet

10. I haven't got ______ money.
❍ A much ❍ B many ❍ C some

11. ______ of my friends live in the next town.
❍ A Many ❍ B Much ❍ C Any

12. ______ we had no TV.
❍ A In the old days ❍ B In former times ❍ C We used to

13. I don't know ______ book to read first.
❍ A witch ❍ B which ❍ C white

14. I read ______ the contract before I signed it.
❍ A though ❍ B thorough ❍ C through

15. ______ I'm late.
❍ A Sorry ❍ B Excuse me ❍ C Excuse

16. It's taken so long, but ______ I have a new job.
❍ A last ❍ B at least ❍ C at last

17. Which jacket should I ______?
❍ A where ❍ B wear ❍ C were

18. We missed the train ______ you.
❍ A because ❍ B because of ❍ C of

19. We all passed our exams ______ John.
❍ A except ❍ B accept ❍ C excepts

20. They've lost ______ keys.
❍ A they're ❍ B there ❍ C their

21. My father ______ me to get a new job.
❍ A adviced ❍ B advised ❍ C advise

Lösungen

1. A, 2. B, 3. C, 4. B, 5. A, 6. A, 7. C, 8. B, 9. C, 10. A, 11. A, 12. A, 13. B, 14. C, 15. A, 16. C, 17. B, 18. B, 19. A, 20. C, 21. B

II. GRAMMATIK

1. Nomen

nouns
Nomen

Im Deutschen werden Nomen (auch Substantiv oder Hauptwort genannt) grundsätzlich groß geschrieben. Im Englischen werden Nomen nicht groß geschrieben – bis auf folgende Ausnahmen:

Eigennamen: **David, Sarah, Carl, Rebecca, …**

Länder/Städte: **England, Germany, London, Berlin, …**

Monate: **January, February, March, April, …**

Wochentage: **Monday, Tuesday, Wednesday, …**

Nice to know!

Manchmal kommt es auf den Zusammenhang an:

my aunt, my uncle, my mum, my dad
meine Tante, mein Onkel, meine Mama, mein Papa

Aber als Anrede bzw. mit einem Eigennamen:

Aunt Sally, Uncle John, Mum and Dad

the or the?
„the" oder „the"?

Im Englischen und auch im Deutschen können bestimmte und unbestimmte Artikel vor dem Nomen stehen. Während es im Deutschen mehrere bestimmte Artikel *(der, die, das)* gibt, hat das Englische nur die Form **the**. Aber Vorsicht: Das Wörtchen **the** wird unterschiedlich ausgesprochen! Es kommt darauf an, ob das folgende Wort mit einem Konsonanten oder einem Vokal beginnt.

Vor einem Konsonanten:	the [ðə] **cat** – *die Katze*
Aber vor einem Vokal:	the [ði] **apple** – *der Apfel* the [ðə] apple

Cherry on top!

Die Form [ðiː] kann man im Englischen verwenden, um etwas besonders zu betonen, auch wenn das folgende Wort mit einem Konsonanten beginnt.

It's the [ðiː] place to go.
Das ist der angesagteste Ort. (Da muss man hin!)

a or an?
„a" oder „an"?

Die Frage beim unbestimmten Artikel ist: Wann nimmt man im Englischen **a** und wann nimmt man **an**?

a braucht man, wenn danach ein Wort (Nomen oder Adjektiv) folgt, das mit einem Konsonanten beginnt.

A dog followed me home.
Ein Hund ist mir nach Hause gefolgt.

A big elephant lives in the zoo.
Ein großer Elefant lebt im Zoo.

an braucht man, wenn danach ein Wort (Nomen oder Adjektiv) folgt, das mit einem Vokal beginnt.

An elephant is big and grey.
Ein Elefant ist groß und grau.
~~A elephant is big and grey.~~

An orange dog followed me home.
Ein orangefarbener Hund ist mir nach Hause gefolgt.
~~A orange dog followed me home.~~

Be careful!

Es kommt nicht darauf an, mit welchem Buchstaben, sondern mit welchem Laut das folgende Wort beginnt.

I wear ~~an~~ a uniform [ˈjuːnifɔːm] to school.
Ich trage eine Uniform in der Schule.

I used to listen to music on ~~a~~ an MP3 [ˌempiːˈθriː] player.
Ich habe früher Musik auf einem MP3-Player gehört.

I have to leave in ~~a~~ an hour [ˈaʊə].
Ich muss in einer Stunde gehen.

the or not the?
„the" oder kein „the"?

Es gibt Ähnlichkeiten und Unterschiede zwischen dem Deutschen und dem Englischen, wann man den bestimmten Artikel verwendet.

Hier braucht man **the** im Englischen:

In England you drive on the left.
In England fährt man links.
~~In England you drive left.~~

Daniel can play the trumpet.
Daniel kann Trompete spielen. (alle Musikinstrumente)
~~Daniel can play trumpet.~~

I listen to the radio in the evenings.
Ich höre abends Radio.
~~I listen to radio in the evenings.~~

Hier braucht man **the** im Englischen nicht:

~~The~~ Lunch is ready!
Das Mittagessen ist fertig!

What did you have for ~~the~~ breakfast?
Was hast du zum Frühstück gegessen?

I gave ~~the~~ Grandma a ring when we arrived.
Ich habe die Oma angerufen, als wir ankamen.

I watch ~~the~~ TV at weekends.
Ich sehe am Wochenende fern.

What's on ~~the~~ television tonight?
Was läuft heute Abend im Fernsehen (= Programm)?
Aber: **Can you turn on the television?**
Kannst du den Fernseher (= Gerät) einschalten?

Nice to know!

Manchmal ändert sich die Bedeutung, wenn ein **the** eingefügt wird.

What's on the television tonight?
Was ist heute Abend auf dem Fernseher (= Gerät)?

singular + plural nouns (regular)
Nomen in der Einzahl + Mehrzahl (regelmäßig)

Zum Vergleich hier erst einmal ein paar Beispiele für regelmäßige englische Nomen:

Aussprache mit [s]: **cat** → **cats** *Katze* → *Katzen*

Aussprache mit [z]: **bee** → **bees** *Biene* → *Bienen*

Aussprache mit [iz]: **watch** → **watches** *Uhr* → *Uhren*

singular + plural nouns (irregular)
Nomen in der Einzahl + Mehrzahl (unregelmäßig)

Es gibt im Englischen aber auch unregelmäßige Nomen.

man → **men** (~~mans~~)	*Mann* → *Männer*
child → **children** (~~childs~~)	*Kind* → *Kinder*
sheep → **sheep** (~~sheeps~~)	*Schaf* → *Schafe*
tooth → **teeth** (~~tooths~~)	*Zahn* → *Zähne*
foot → **feet** (~~foots~~)	*Fuß* → *Füße*

no plural (uncountable)
keine Mehrzahl (unzählbar)

Manche Nomen gelten als unzählbar. Sie kommen weder mit unbestimmtem Artikel (**a** oder **an**) noch in der Mehrzahl vor.

accommodation, ~~accommodations~~	*Unterkunft, Unterkünfte*
advice, ~~advices~~	*Ratschlag, Ratschläge*
bread, ~~breads~~	*Brot, Brote*
data, ~~datas~~	*Daten*
furniture, ~~furnitures~~	*Möbel*
information, ~~informations~~	*Information, Informationen*
homework, ~~homeworks~~	*Hausaufgabe, Hausaufgaben*
knowledge, ~~knowledges~~	*Kenntnis, Kenntnisse*
money, ~~moneys~~	*Geld, Gelder*
progress, ~~progresses~~	*Fortschritt, Fortschritte*
research, ~~researches~~	*Recherche, Recherchen*

Remember!

Mithilfe einer Mengenangabe kann man unzählbare Nomen meist dennoch zählen.

a piece of information	*eine Information*
some information	*einige Informationen*

singular/ plural different meaning

Bedeutungsunterschied zwischen Einzahl und Mehrzahl

Bei einigen Nomen ändert sich die Bedeutung zwischen Einzahl (zählbar oder unzählbar) und Mehrzahl.

experience (unzählbar)	*Erfahrung, Erfahrungen*
an experience	*ein Erlebnis*
experiences	*Erlebnisse*

What work experience is on your CV?
Welche Berufserfahrungen hast du in deinem Lebenslauf?
~~What work **experiences** are on your CV?~~

hair (unzählbar)	*Kopfhaar, Haare*
a hair	*ein Haar*
hairs	*einzelne Haare*

I had my hair cut this morning.
Ich ließ heute Morgen meine Haare schneiden.
~~I had my **hairs** cut this morning.~~

paper (unzählbar)	*Papier (als Material)*
a paper	*ein Referat, eine Zeitung*
papers	*Papiere (Dokumente), Zeitungen*

I need more paper for the printer.
Ich brauche mehr Blätter (Papier) für den Drucker.
~~I need more **papers** for the printer.~~

person	*Person, Mensch*
persons	*Personen (formell)*
people	*Personen, Menschen, Leute*
people	*Volk, Völker*

The police said they arrested two persons.
Die Polizei berichtete, dass sie zwei Personen verhaftet haben.
There were three people in the shop.
Es waren drei Personen im Laden.
~~There were three **persons** in the shop.~~

work (unzählbar)	*Arbeit*
a work	*ein Werk*
works	*Werke*

How many workplaces do you have?
Wie viele Arbeitsplätze haben Sie?

only plural
nur Mehrzahl

Einige Nomen kommen nur im Plural vor.

~~binocular~~ **binoculars**	*Fernglas, Ferngläser*
~~glass~~ **glasses**	*Brille, Brillen*
~~sunglass~~ **sunglasses**	*Sonnenbrille(n)*
~~jean~~ **jeans**	*Jeans*
~~new~~ **news**	*Nachricht, Nachrichten*
~~scissor~~ **scissors**	*Schere, Scheren*
~~short~~ **shorts**	*kurze Hose(n)*
~~specie~~ **species**	*Art, Arten*
~~tight~~ **tights (British English)**	*Strumpfhose(n)*
~~trouser~~ **trousers (British English)**	*Hose, Hosen*

Be careful!

Hier müssen Sie aufpassen: In Zusammensetzungen können die Plural-Nomen ausnahmsweise auch in der Einzahl stehen.

These trousers are too tight.
Diese Hose ist zu eng.
~~This trouser is too tight.~~

This trouser leg is too tight.
Dieses Hosenbein ist zu eng.
~~This trousers leg is too tight.~~

'of' genitive
of-Genitiv

Wem gehört es? Der Genitiv wird gebraucht, um Besitzverhältnisse oder Zugehörigkeiten auszudrücken. Strukturen mit **of** werden im Englischen verwendet, um die Zugehörigkeit zu einer (unbelebten) Sache anzuzeigen.

The location of the building isn't easy to find.
Die Lage des Gebäudes ist nicht leicht zu finden.

The name of our favourite hotel is Seaview Hotel.
Der Name unseres Lieblingshotels ist Seaview Hotel.

Um zu beschreiben, zu welcher Person (ob lebend oder bereits verstorben) etwas gehört, braucht man dagegen den Genitiv mit 's.

genitive 's'
s-Genitiv

Der Genitiv ist die einzige Form des englischen Nomens, bei der ein Apostroph + „s" gesetzt wird. Im Deutschen hat sich diese Form auch eingeschlichen und man sieht sie immer wieder, sie ist hier jedoch nicht korrekt.

The girl's clothes were on the floor.
Die Kleider des Mädchens lagen auf dem Boden.
~~The clothes of the girl were on the floor.~~

David's bike is new.
Davids Fahrrad ist neu.

Bei regelmäßigen Pluralformen folgt nur ein Apostroph nach dem „s".

The girls' clothes were on the floor.
Die Kleider der Mädchen lagen auf dem Boden.

The Smiths' house is next to ours.
Das Haus der Smiths ist neben unserem.

Bei unregelmäßigen Pluralformen ist wenigstens der s-Genitiv regelmäßig.

It was the women's holiday that was ruined.
Der Urlaub der Frauen ist ins Wasser gefallen.

The children's toys were on the floor.
Das Spielzeug der Kinder lag auf dem Boden.

Nice to know!

Bei Eigennamen gibt es mehrere Möglichkeiten:

Miles' friends were happy.
Miles's friends were happy.
Die Freunde von Miles waren glücklich.

Sally's and Tom's friends are nice.
Sally and Tom's friends are nice.
Die Freunde von Sally und Tom sind nett.

QUIZ
Nomen

Let's quiz! Bei den verschiedenen Formen englischer Nomen muss man immer wieder aufpassen. Hätten Sie's gewusst?

1. My favourite day is ______.
   - ❍ A Sunday
   - ❍ B sunday
2. I'd like ______ apple, please.
   - ❍ A a
   - ❍ B an
3. Ich kann Klavier und Fußball spielen.
   - ❍ A I can play piano and football.
   - ❍ B I can play the piano and the football.
   - ❍ C I can play the piano and football.
4. Mr ______ house is grey.
   - ❍ A Smiths
   - ❍ B Smiths'
   - ❍ C Smith's
5. The two ______ bikes are green.
   - ❍ A boys'
   - ❍ B boy's
   - ❍ C boys
6. The ______ dress is too short.
   - ❍ A womans
   - ❍ B woman's
   - ❍ C womans'
7. The ______ bags are the same.
   - ❍ A womens'
   - ❍ B women's
   - ❍ C womens
8. The new ______ are in the bag.
   - ❍ A ball's
   - ❍ B balls'
   - ❍ C balls

Lösungen
1. A, 2. B, 3. C, 4. C, 5. A, 6. B, 7. B, 8. C

2. Verben

regular/ irregular verbs
regelmäßige/ unregelmäßige Verben

Wie im Deutschen gibt es regelmäßige und unregelmäßige englische Verben. Für die unregelmäßigen Verben gibt es keine Grammatikregel; man muss die drei Formen (1. Grundform/**infinitive**, 2. Vergangenheit/**simple past**, 3. Partizip/**past participle**) auswendig lernen.

Es gibt Verben, bei denen alle Formen identisch sind:

to cost, cost, cost *kosten (kostete, gekostet)*

Bei manchen Verben sind die 2. und die 3. Form gleich:

to build, built, built *bauen (baute, gebaut)*

Bei anderen sind die Grundform und die 3. Form identisch, jedoch ist die 2. Form anders:

to come, came, come *kommen (kam, gekommen)*

Es gibt auch Verben mit drei unterschiedlichen Formen:

to be, was/were, been *sein (war, gewesen)*

Cherry on top!

Manche unregelmäßige Verben enden in der 2. und 3. Form auf **-ought/-aught**; sie werden entweder mit „o“ oder „a“ geschrieben. Hier eine kleine Merkhilfe:

Wenn in der Grundform kein „o“ ist, dann folgt in der 2. und 3. Form ein „o“.

to buy, bought, bought *kaufen*
to bring, brought, brought *bringen*

Wenn aber die Grundform ein „a“ enthält, ist auch eines in der 2. und 3. Form.

to teach, taught, taught *unterrichten*
to catch, caught, caught *fangen*

short forms of verbs
Kurzformen von Verben

Kurzformen von Verben benötigen einen Apostroph. Das Häkchen zeigt an, dass hier ein Buchstabe ausgelassen wurde.

We're (We are) having fun on holiday.
Wir haben Spaß im Urlaub.

I don't (do not) know what to choose.
Ich weiß nicht, was ich wählen soll.

You're (You are) from Italy, aren't (are not) you?
Du kommst aus Italien, nicht wahr?

Let's (Let us) play football.
Lasst uns Fußball spielen.

Remember!

Der Apostroph kommt nie bei Verben in der 3. Person Singular **(he wants)** oder bei Pluralformen von Nomen **(the girls)** vor. Der Apostroph kommt nur bei Kurzformen von Verben oder beim Genitiv von Nomen vor:

he's (he is), she's (she is)
er ist, sie ist

the girl's books, the girls' books
die Bücher des Mädchens, die Bücher der Mädchen

BLITZQUIZ
Wir sind im Urlaub.

- ❍ **A** Were on holiday.
- ❍ **B** Wear on holiday.
- ❍ **C** We're on holiday.

confusing verb forms
leicht verwechselbare Verbformen

Es gibt eine Handvoll Verben, bei denen man sehr aufpassen muss. Die Formen werden leicht verwechselt.

find ≠ found

find	**found**	**found**	*finden*
found	**founded**	**founded**	*gründen*

lie ≠ lie ≠ lay

lie	**lay**	**lain**	*liegen*
lie	**lied**	**lied**	*lügen*
lay	**laid**	**laid**	*legen*

raise ≠ rise

raise	**raised**	**raised**	*(er)heben*
rise	**rose**	**risen**	*(auf)steigen*

see ≠ saw

see	**saw**	**seen**	*sehen*
saw	**sawed**	**sawn**	*sägen*

strike ≠ stroke

strike	**struck**	**struck**	*schlagen*
stroke	**stroked**	**stroked**	*streicheln*

Remember!

I found the company that my grandpa founded.
Ich fand die Firma, die mein Opa gegründet hat.

He lied, he had lain in the sun and not laid eggs.
Er log, er hätte in der Sonne gelegen und keine Eier gelegt.

I saw the piece of wood that you had sawn off.
Ich sah das Stück Holz, das du abgesägt hattest.

He struck the bell and stroked the dog.
Er schlug die Glocke und streichelte den Hund.

Lösung Blitzquiz
C

verbs with infinitives vs. -ing-forms
Verben mit Infinitiv vs. -ing-Form

Enthält ein Satz zwei Vollverben, ist es wichtig zu wissen, in welcher Form das zweite Verb zu erscheinen hat: als -ing-Form (Gerundium) oder als Grundform (Infinitiv)?

We suggested going for a walk, but they decided to drive into the mountains.
Wir haben vorgeschlagen, spazieren zu gehen, aber sie haben sich entschlossen, in die Berge zu fahren.

verb + infinitive
Verb + Infinitiv

Auf folgende Verben folgt eine Grundform:

I hope to see you again soon.
Ich hoffe, dich bald wiederzusehen.

agree	*zustimmen*	**help**	*helfen*
arrange	*ausmachen*	**hope**	*hoffen*
ask	*bitten*	**intend**	*beabsichtigen*
attempt	*versuchen*	**learn**	*lernen*
begin	*anfangen*	**offer**	*anbieten*
choose	*(aus)wählen*	**plan**	*planen*
continue	*weitermachen*	**pretend**	*vortäuschen*
decide	*entscheiden*	**promise**	*versprechen*
expect	*erwarten*	**refuse**	*(ver)weigern*

verb + -ing-form
Verb + -ing-Form

Auf folgende Verben folgt eine -ing-Form:

She dislikes writing reports.
Sie mag es nicht, Berichte zu schreiben.

admit	*zugeben*	**can't help**	*nicht anders können*
mention	*erwähnen*		
appreciate	*schätzen*	**miss**	*verpassen*
avoid	*vermeiden*	**practise**	*üben*
consider	*überlegen*	**prevent**	*verhindern*
deny	*abstreiten*	**quit**	*aufhören*
discuss	*diskutieren*	**recall**	*sich erinnern*
dislike	*nicht mögen*	**recommend**	*empfehlen*
enjoy	*genießen*	**risk**	*riskieren*
finish	*beenden*	**suggest**	*vorschlagen*
give up	*aufgeben*		

verbs with both forms
Verben mit beiden Formen

Nach einigen Verben kann sowohl eine Grundform als auch eine -ing-Form folgen. Aufgepasst – hier ändert sich jeweils die Bedeutung.

forget/remember
+ Infinitiv = *(nicht) rechtzeitig an eine Verpflichtung denken*
+ -ing-Form = *sich (nicht) an etwas Vergangenes erinnern*

Remember to go/Don't forget to go shopping!
Denk daran/Vergiss nicht, einkaufen zu gehen!

I remember going/forget going shopping.
Ich erinnere mich (nicht) daran, dass ich einkaufen war.

mean
+ Infinitiv = *vorhaben, beabsichtigen*
+ -ing-Form = *bedeuten, heißen*

John meant to go swimming.
John hatte vor, schwimmen zu gehen.

A beach holiday means going swimming every day.
Ein Strandurlaub bedeutet, jeden Tag schwimmen zu gehen.

stop
+ Infinitiv = *anhalten, um etwas anderes zu tun*
+ -ing-Form = *mit einer Tätigkeit aufhören*

We stopped to buy milk.
Wir haben angehalten, um Milch zu kaufen.

We stopped buying milk.
Wir haben aufgehört, Milch zu kaufen.

try
+ Infinitiv = *versuchen, sich anstrengen*
+ -ing-Form = *experimentieren, ausprobieren*

Ann tried to bake a cake.
Ann hat versucht, einen Kuchen zu backen.

Ann tried baking a new kind of cake.
Ann hat ausprobiert, eine neue Sorte Kuchen zu backen.

verbs without progressive forms
Verben ohne Verlaufsform

Zustandsverben haben keine Verlaufsform (**progressive form**), auch wenn die Rede von einem temporären Zustand ist. Sie werden nur in der **simple form** verwendet.

Glaube, Denken und Verstand:
believe *glauben*, **know** *wissen/kennen*, **remember** *sich erinnern*, **think** *denken/meinen*, **understand** *verstehen*

I understand this exercise.
Ich verstehe diese Aufgabe.
~~**I am understanding** this exercise.~~

Neigung und Abneigung:
dislike *nicht mögen*, **hate** *hassen*, **like** *mögen*, **love** *lieben*, **prefer** *vorziehen*, **want** *wollen*

I prefer this restaurant to the one opposite.
Ich ziehe dieses Restaurant dem gegenüber vor.
~~**I am preferring** this restaurant to the one opposite.~~

Kommunikation und Reaktion:
(dis)agree *(nicht) zustimmen*, **mean** *meinen/bedeuten*, **promise** *versprechen*

I promise to love you all my life.
Ich verspreche, dich mein ganzes Leben zu lieben.
~~**I am promising** to love you all my life.~~

Sinnliche Wahrnehmung:
appear/look/seem *(er)scheinen/aussehen*, **feel** *fühlen/sich anfühlen*, **hear** *hören*, **see** *sehen*, **smell** *riechen*, **taste** *schmecken*, **sound** *klingen/sich anhören*

I hear the sound of the sea.
Ich höre das Geräusch des Meeres.
~~**I am hearing** the sound of the sea.~~

Sonstige Verben:
be *sein*, **belong** *gehören*, **have/own/possess** *besitzen*

I am happy. *Ich bin glücklich.*
~~**I am being** happy.~~

modal verbs
Modalverben

Modalverben (Hilfsverben) kommen zusammen mit einem anderen Verb vor. Sie beschreiben das folgende Verb näher.

We can help you. *Wir können dir helfen.*
He can't do it. *Er kann es nicht machen.*

I must stop now.
Ich muss jetzt aufhören.
She mustn't play squash.
Sie darf nicht Squash spielen. (Sie ist krank.)

Steht **need** allein, ist es kein Modalverb!

They needn't be fast.
Sie müssen nicht schnell sein.
He needn't play squash.
Er braucht nicht Squash zu spielen. (Wir sind genug Spieler.)

I need that chocolate for my cake.
Ich brauche die Schokolade für meinen Kuchen.

We may play squash later.
Wir spielen vielleicht später Squash. (Jetzt ist der Platz besetzt.)
They may not play squash then.
Sie spielen dann vielleicht nicht Squash. (Also können wir spielen.)

Be careful!

Bei **mustn't** *(nicht dürfen)* und **needn't** *(nicht brauchen, nicht müssen)* muss man besonders aufpassen.

You mustn't bring any food.
Du darfst kein Essen mitbringen.

You needn't bring any food.
Du brauchst kein Essen mitzubringen. /
Du musst kein Essen mitbringen.

modal verbs (substitutes)
Modalverben (Ersatzformen)

Modalverben kann man bis auf **can** nur im **simple present** (einfache Gegenwart, siehe Kapitel II.3) verwenden. Für alle anderen Zeiten braucht man Ersatzformen:

Mit **can/could** und der Ersatzform **be able to** sagt man, was man tun kann (Fähigkeit).

Kim can/is able to speak English. (simple present)
Kim kann Englisch sprechen.
Kim could/was able to eat it. (simple past)
Kim konnte es essen.

Mit **can/could** und der Ersatzform **be allowed to** sagt man, was man tun darf (Erlaubnis).

Kim can't/isn't allowed to go to the party. (simple present)
Kim darf nicht zur Party gehen.

Kim couldn't/wasn't allowed to go to the party. (simple past)
Kim durfte nicht zur Party gehen.

Mit **must** und der Ersatzform **have to** sagt man, was man tun muss (Verpflichtung).

Kim must feed the cat. (simple present)
Kim muss die Katze füttern.
Kim had to feed the cat. (simple past)
Kim musste die Katze füttern.

We don't have to worry. (simple present)
Wir müssen uns keine Sorgen machen.
We didn't have to worry. (simple past)
Wir mussten uns keine Sorgen machen.

Be careful!

Vorsicht bei der Verneinung von **must** – welche Bedeutung ist gemeint?

You mustn't use your phone. *Du darfst dein Handy nicht benutzen.*
You don't have to use your phone. *Du musst dein Handy nicht benutzen.*

QUIZ

Verben

Let's quiz! Alles klar mit den Verben? Versuchen Sie doch mal unser Quiz! Aufgepasst – einmal sind zwei Lösungen richtig.

1. I ______ three apples yesterday.
- ❍ A bought
- ❍ B baught

2. ______ nothing for breakfast.
- ❍ A Theres
- ❍ B There's

3. He ______ in the sun with his book.
- ❍ A lay
- ❍ B laid

4. I ______ you on Saturday.
- ❍ A expect to see
- ❍ B expect seeing

5. She ______ you at the party.
- ❍ A recalls to meet
- ❍ B recalls meeting

6. Some dogs ______ cats.
- ❍ A don't like
- ❍ B doesn't like

7. Wir können zusammen hingehen.
- ❍ A We must go together.
- ❍ B We can go together

8. Du darfst nicht mitkommen.
- ❍ A You mustn't come with us.
- ❍ B You can't come with us.

9. Wir mussten früh nach Hause gehen.
- ❍ A We must go home early.
- ❍ B We had to go home early.

10. Er durfte den Bus nicht verpassen.
- ❍ A He wasn't able to miss the bus.
- ❍ B He wasn't allowed to miss the bus.

Lösungen
1. A, 2. B, 3. A, 4. A, 5. B, 6. A, 7. B,
8. A, B, 9. B, 10. B

3. Einfache Gegenwart und Vergangenheit

simple present
einfache Gegenwart

Man verwendet die einfache Gegenwart, um über Gewohnheiten oder Dinge zu sprechen, die allgemein gültig sind.

I play tennis on Tuesdays.
Ich spiele dienstags Tennis.
~~I am playing tennis on Tuesdays.~~

We watch TV in the evenings.
Wir schauen abends fern.
~~We are watching TV in the evenings.~~

In der 3. Person Singular (**he, she** und **it**) steht immer ein **-s** am Ende des Verbs.

He ~~live~~ lives in London.
Er wohnt in London.

She ~~play~~ plays tennis on Fridays.
Sie spielt freitags Tennis.

It always ~~rain~~ rains in April.
Es regnet immer im April.

Bei Verben mit Zischlaut (z.B. **touch**, **finish**, **miss**) wird am Ende **-es** angehängt.

The dog finishes his food every day.
Der Hund frisst jeden Tag sein ganzes Futter auf.
~~The dog finishs his food every day.~~

Manche Verben haben unregelmäßige Formen:

I have three apples. → She has three apples.
Ich habe drei Äpfel. → Sie hat drei Äpfel.

I go to school. → He goes to school.
Ich gehe zur Schule. → Er geht zur Schule.

Remember!

He, she, it – das **-s** muss mit!

Be careful!

Bei regelmäßigen Verben, die auf -y enden, wird -y zu **-ies.**

I try to score goals. → She tries to score goals.
Ich versuche, Tore zu schießen. → Sie versucht, Tore zu schießen.

Modalverben (siehe Kapitel II.2) benötigen kein **-s.**

She can sing today.
Sie kann heute singen.

signal words
Signalwörter

Es gibt bestimmte Signalwörter für die einfache Gegenwart. Hier ein paar Beispiele:

on Mondays	*montags*
in the evenings	*abends*
every day	*jeden Tag*
always	*immer*
never	*nie*
sometimes	*manchmal*
usually	*normalerweise*
often	*oft*

negative statements
verneinte Aussagen

Um eine Verneinung in der einfachen Gegenwart zu bilden, braucht man anders als im Deutschen **don't (do not)** oder **doesn't (does not)** vor dem Vollverb.

They don't talk to monsters.
Sie reden nicht mit Monstern.
~~They talk not to monsters.~~

He/she/it doesn't talk to monsters.
Er/sie/es redet nicht mit Monstern.
~~He/she/it talks not to monsters.~~

questions
Fragen

Wenn man eine Frage mit Vollverb stellt, auf die man mit *Ja* oder *Nein* antworten kann, steht immer am Anfang der Frage **do** oder **does**.

Do you have time?
Hast du Zeit?
~~Have you time?~~

Does he/she/it have time?
Hat er/sie/es Zeit?
~~Has he/she/it time?~~

Als Antwort genügt im Deutschen ein einziges Wort: *Ja* oder *Nein*. Im Englischen dagegen antwortet man auf diese Fragen höflich mit einer Kurzantwort.

~~Yes./No.~~ (unhöflich)

Yes, I do. / No, I don't.
Yes, he/she/it does. / No, he/she/it doesn't.
Yes, you/we/they do. / No, you/we/they don't.

Bei Fragen mit Fragewort steht dieses am Satzanfang. Danach folgt **do** oder **does**.

What do you do in your free time?
Was machst du in deiner Freizeit?
~~What do you in your free time?~~

When does the train leave?
Wann fährt der Zug?
~~When leaves the train?~~

Why do the children talk so loudly?
Warum reden die Kinder so laut?
~~Why talk the children so loudly?~~

BLITZQUIZ
Er spielt Tennis.

- ❍ **A** He play tennis.
- ❍ **B** He do play tennis.
- ❍ **C** He plays tennis.

the verb 'be'
das Verb „be"

Das Verb **be** *(sein)* hat besondere Formen. In der einfachen Gegenwart heißen sie **am**, **are** und **is**. Es gibt Langformen (für geschriebene Sprache) und Kurzformen (für gesprochene Sprache). Vorsicht bei den Kurzformen: Apostroph nicht vergessen!

long form	short form	Deutsch
I am	**I'm**	*ich bin*
you are	**you're**	*du bist/Sie sind*
he is	**he's**	*er ist*
she is	**she's**	*sie ist*
it is	**it's**	*es ist*
we are	**we're**	*wir sind*
you are	**you're**	*ihr seid/Sie sind*
they are	**they're**	*sie sind*

Nice to know!

Bei der Verneinung von **be** gibt es verschiedene mögliche Kurzformen:

it is not → **it isn't oder it's not**
you are not → **you aren't** oder **you're not**

questions with 'be'
Fragen mit „be"

Fragen mit **be**, auf die man mit *Ja* oder *Nein* antworten kann, bildet man so:

Am I late?
Bin ich zu spät?

Are you late?
Bist du zu spät? / Seid ihr zu spät? / Sind Sie zu spät?

Is the train late?
Hat der Zug Verspätung?

Are the children late?
Sind die Kinder zu spät?

Lösung Blitzquiz
C

Die Wortstellung im Satz ist hier wie im Deutschen. Wenn man eine Frage mit Fragewort stellt, steht das Fragewort immer am Satzanfang.

Who is that?
Wer ist das?

Where is the cat?
Wo ist die Katze?

What is the time?
Wie spät ist es?

short answers with 'be'
Kurzantworten mit „be"

Bei positiven Kurzantworten (**yes**) geht nur die Langform von **be**.

Am I late? – Yes, you are.
Are you late? – Yes, I am.
Is the train late? – Yes, it is.
Are the children late? – Yes, they are.

Bei negativen Kurzantworten (**no**) verwendet man in der Regel Kurzformen (auch Langformen sind möglich).

Am I late? – No, you aren't.
Are you late? – No, I'm not.
Is the train late? – No, it isn't.
Are the children late?
– No, they aren't.

Die Langform passt dann, wenn man etwas deutlich betonen möchte.

Are you late? – No, I am not.

BLITZQUIZ
Ich bin nicht hungrig.

- A I'm not hungry.
- B I aren't hungry.
- C I don't be hungry.

simple past
einfache Vergangenheit

Um über Dinge zu sprechen, die in der Vergangenheit passiert und abgeschlossen sind, verwendet man im Englischen die einfache Vergangenheit. Regelmäßige Verben haben im **simple past** die Endung **-ed**. Die Endung **-ed** ist für alle Personen gleich.

I talked to Jane.
Ich redete mit Jane. / Ich habe mit Jane geredet.
~~I have talked to Jane.~~

You listened to music.
Du hörtest Musik. / Du hast Musik gehört.
~~You have listened to music.~~

He played tennis.
Er spielte Tennis. / Er hat Tennis gespielt.
~~He has played tennis.~~

Be careful!

Die Formen der unregelmäßigen Verben muss man auswendig lernen. Hier ein paar Beispiele:

do → did, go → went, have → had

Bei manchen Verben, die einen kurzen Vokal und einen Konsonanten am Ende haben, ändert sich die Schreibweise. Der Konsonant wird verdoppelt – Beispiele:

stop → stopped, slip → slipped

negative statements
verneinte Aussagen

Für die Verneinung in der Gegenwart braucht man **don't** und **doesn't**. In der Vergangenheit setzt man **didn't** vor das Verb (Grundform).

I didn't talk to Jane.
Ich redete nicht mit Jane. / Ich habe nicht mit Jane geredet.
~~I talked not to Jane.~~

She didn't play tennis.
Sie spielte nicht Tennis. / Sie hat nicht Tennis gespielt.
~~She played not tennis.~~

Lösung Blitzquiz
A

signal words
Signalwörter

Es gibt bestimmte Signalwörter für die einfache Vergangenheit. Hier ein paar Beispiele:

yesterday	*gestern*
last Monday	*letzten Montag*
last week	*letzte Woche*
last month	*letzten Monat*
last year	*letztes Jahr*
three days ago	*vor drei Tagen*
in 1948	*(im Jahr) 1948*

questions
Fragen

Wenn man eine Frage in der Vergangenheit stellt, auf die man mit *Ja* oder *Nein* antworten kann, steht am Anfang der Frage **did**.

Did you have time? *Hattest du Zeit?*
~~Had you time?~~

Als Antwort genügt im Deutschen ein einziges Wort: *Ja* oder *Nein*. Im Englischen dagegen antwortet man auf diese Fragen höflich mit einer Kurzantwort.

~~Yes./No.~~ (unhöflich)
Yes, I did.
No, I didn't.

Bei Fragen mit Fragewort steht das Fragewort am Satzanfang. Danach folgt **did**.

What did you do yesterday? *Was hast du gestern gemacht?*
~~What did you yesterday?~~

When did the train leave? *Wann fuhr der Zug?*
~~When left the train?~~

Why did the children talk so loudly?
Warum redeten die Kinder so laut?
~~Why talked the children so loudly?~~

questions in the past with 'be'
Fragen in der Vergangenheit mit „be"

Bei Fragen in der Vergangenheit, die man mit *Ja* oder *Nein* beantworten kann, steht **was** oder **were** am Anfang des Satzes. Die Satzstellung ist wie im Deutschen.

Was the party good? *War die Feier gut?*
Were your friends there? *Waren deine Freunde da?*

Bei Fragen mit Fragewort steht das Fragewort am Satzanfang. Gleich danach folgt **was** oder **were**.

When was the party? *Wann war die Feier?*
Where were you earlier? *Wo warst du davor?*

short answers with 'be'
Kurzantworten mit „be"

Bei positiven Kurzantworten (**yes**) geht nur die Langform von **be**.

Was the party good? – Yes, it was.
Were you late? – Yes, I was.
Were your friends there? – Yes, they were.

Bei negativen Kurzantworten (**no**) sind Langformen und Kurzformen möglich, meistens verwendet man Kurzformen.

Was the party good?
– No, it wasn't. / No, it was not.

Were you late?
– No, I wasn't. / No, I was not.

Were your friends there?
– No, they weren't. / No, they were not.

Be careful!

Das Verb **be** hat in der Vergangenheit zwei verschiedene Formen, **was** und **were**. Im Deutschen heißt es *war* und *waren*. Vorsicht, Verwechslungsgefahr!

I was ill yesterday. *Ich war gestern krank.*
We were ill yesterday. *Wir waren gestern krank.*
I was in the war. *Ich war im Krieg.*

QUIZ

Einfache Gegenwart und Vergangenheit

Let's quiz! Alles klar? Testen Sie, wie gut Sie sich mit der einfachen Gegenwart und Vergangenheit im Englischen auskennen.

1. I ______ lunch every day. ❍ A cooks ❍ B do cook ❍ C cook
2. She always ______ to school. ❍ A walk ❍ B walks ❍ C do walk
3. I ______ Mondays! ❍ A like not ❍ B not like ❍ C don't like
4. ______ she like it here? ❍ A Does ❍ B Do
5. We ______ happy with our meal. ❍ A isn't ❍ B aren't
6. We ______ late yesterday. ❍ A were ❍ B was
7. You ______ to my question. ❍ A listened not ❍ B didn't listened ❍ C didn't listen
8. They ______ the robber. ❍ A caught ❍ B cought ❍ C catched
9. ______ you arrive at the party OK? ❍ A Do ❍ B Did ❍ C Does
10. Why ______ the train ______? ❍ A do … stopped ❍ B did … stop ❍ C did … stopped

Lösungen
1. C, 2. B, 3. C, 4. A, 5. B, 6. A, 7. C, 8. A, 9. B, 10. B

4. Das Perfekt und die Vorvergangenheit

present perfect
das Perfekt

Man verwendet das Perfekt, um über eine Handlung zu sprechen, die in der Vergangenheit angefangen hat und zu einem Ergebnis in der Gegenwart führt.

Das **present perfect** bildet man so:
have/has + Partizip (3. Form des Verbs)

Remember!

Für das Partizip (3. Form des Verbs) hängt man bei den regelmäßigen Verben einfach **-ed** an.

Die verschiedenen unregelmäßigen Verbformen müssen gelernt werden. Hier ein paar Beispiele:

do → done, go → gone, have → had

signal words
Signalwörter

Für das Perfekt gibt es bestimmte Signalwörter. Hier ein paar Beispiele:

already	*schon, bereits*
just	*gerade*
not … yet	*noch nicht*
ever	*jemals*
yet	*schon, bereits*
for/since	*seit*
until today	*bis heute*

'already/yet' or 'ever'?
„schon, bereits" oder „jemals, schon einmal"?

Im Deutschen wird das Wort *schon* häufig benutzt. Im Englischen muss man genau unterscheiden, welche Bedeutung gemeint ist.

Have you ever swum with dolphins?
Bist du schon mal (jemals) mit Delfinen geschwommen?
~~Have you **already** swum with dolphins?~~

Have you already eaten lunch?
Have you eaten lunch yet?
Hast du schon (bereits) zu Mittag gegessen?

Have you ever eaten lunch?
Hast du jemals zu Mittag gegessen?

Be careful!

Für die Angabe eines Zeitraums verwendet man im Englischen **for**, für einen Zeitpunkt **since**. Mit beiden Wörtchen ist im Englischen nur das **present perfect** möglich.

I've been waiting here for three hours.
Ich warte seit drei Stunden hier.
~~I wait here since three hours.~~

I've lived in London since April 2010.
Ich lebe seit April 2010 in London.
~~I live in London since April 2010.~~

negative statements
verneinte Aussagen

Die Verneinung im Perfekt bildet man mit **haven't (have not)** oder **hasn't (has not)** und der 3. Form des Verbs.

She has never been to France.
She hasn't ever been to France.
Sie war noch nie in Frankreich.
~~She was never in France.~~

questions
Fragen

Bei Fragen im Perfekt, die man mit *Ja* oder *Nein* beantworten kann, steht **have** oder **has** am Satzanfang.

Have you ever been to Stuttgart?
Warst du schon einmal in Stuttgart?
~~Were you ever in Stuttgart?~~

Bei Fragen mit Fragewort steht das Fragewort am Satzanfang. Das ist ähnlich wie im Deutschen.

What have you done today?
Was hast du heute gemacht?

present perfect vs. simple past
Perfekt vs. einfache Vergangenheit

Im Deutschen spielt die Unterscheidung zwischen Perfekt und Vergangenheit kaum eine Rolle. Beide Zeitformen werden verwendet, um vergangene Handlungen zu beschreiben. Dagegen wird im Englischen sehr genau zwischen der einfachen Vergangenheit (**simple past**) und dem Perfekt (**present perfect**) unterschieden.

in relation to the present
Bezug zur Gegenwart

Im Allgemeinen kann das Perfekt im Englischen nur für Handlungen und Ereignisse verwendet werden, die einen Bezug zur Gegenwart haben.

Liz has washed the car.
Liz hat das Auto gewaschen. (Es ist jetzt sauber.)

Liz washed the car, but now it's dirty.
Liz hat das Auto gewaschen, aber jetzt ist es schmutzig.
~~Liz **has washed** the car, but now it's dirty.~~

with adverbs of time
mit Zeitadverbien

Zeitangaben wie **yesterday** oder **last week** haben keinen Bezug zur Gegenwart. Diese Ereignisse sind explizit abgeschlossen und vorbei.

I saw Bob yesterday.
Ich habe Bob gestern gesehen.
~~I **have seen** Bob yesterday.~~

He broke his leg last week.
Er hat sich letzte Woche das Bein gebrochen.
~~He **has broken** his leg last week.~~

Cherry on top!

Diese Fragen zielen auf unterschiedliche Informationen:

Have you seen that film?
Hast du den Film (schon einmal) gesehen?

Did you see that film?
Hast du den Film gesehen (als er im Kino lief)?

implicit times
implizite Zeitangaben

Auch ohne konkrete Zeitangaben kommt es immer darauf an, ob der Handlungszeitraum die Gegenwart einschließt. In diesen beiden Beispielen ist der Zeitraum der Handlung abgeschlossen, egal ob der Künstler heute noch lebt oder bereits verstorben ist.

Shakespeare wrote many dramas.
Shakespeare hat viele Dramen geschrieben.
~~Shakespeare **has written** many dramas.~~

Paul McCartney composed many songs.
Paul McCartney hat viele Lieder komponiert.
~~Paul McCartney **has composed** many songs.~~

past perfect
Vorvergangenheit

Die Vorvergangenheit braucht man, um über etwas zu sprechen, das bereits vor einem vergangenen Ereignis stattfand.

Das **past perfect** bildet man so:
had + Partizip (3. Form des Verbs)

He wasn't on the bus. He had got off at the previous stop.
Er war nicht im Bus. Er war an der Haltestelle zuvor ausgestiegen.

signal words
Signalwörter

Es gibt bestimmte Signalwörter für die Vorvergangenheit:

after *nachdem*
before *bevor*

Be careful!

Welches der beiden Ereignisse war zuerst?

After I had visited the Statue of Liberty,
I went to Ground Zero.
Nachdem ich die Freiheitsstatue besucht hatte,
ging ich zum Ground Zero.

Before I ~~had gone~~ went to Ground Zero,
I ~~visited~~ had visited the Statue of Liberty.
Bevor ich zum Ground Zero ging, besuchte ich die Freiheitsstatue.

negative statements
verneinte Aussagen

Zur Verneinung in der Vorvergangenheit verwendet man **hadn't (had not)**.

I hadn't seen snow before I went to Chicago.
Ich hatte noch nie Schnee gesehen, bevor ich nach Chicago ging.
~~I haven't seen snow before I went to Chicago.~~

questions
Fragen

So stellt man Fragen in der Vorvergangenheit:

Had you ever visited the country before you were an au pair?
Hattest du das Land schon besucht, bevor du Au-pair warst?
~~Have you ever visited the country before you were an au pair?~~

Bei Fragen mit Fragewort steht das Fragewort am Satzanfang.

What books had you read before the exam?
Welche Bücher hattest du vor der Prüfung gelesen?

QUIZ

Das Perfekt und die Vorvergangenheit

Let's quiz! Jetzt gab es aber viele Informationen über das Perfekt und die Vorvergangenheit. Haben Sie sich alles gemerkt?

1. I ______ this film.
   - ❍ A watched already
   - ❍ B already watched
   - ❍ C have already watched
2. She ______ her lunch.
   - ❍ A has just eaten
   - ❍ B has just ate
   - ❍ C just has eaten
3. We ______.
   - ❍ A hasn't paid yet
   - ❍ B haven't paid yet
   - ❍ C haven't payed yet
4. Have you ______ your homework?
   - ❍ A do
   - ❍ B done
   - ❍ C did
5. The Titanic ______ to the bottom of the sea.
   - ❍ A has sunk
   - ❍ B has sunken
   - ❍ C sank
6. I missed the bus. It ______ 5 minutes early.
   - ❍ A had left
   - ❍ B have left
   - ❍ C had leaved
7. ______ she ever ______ to you at school?
   - ❍ A Had … speaked
   - ❍ B Had … spoken
8. Where ______ you ______ before you came to Germany?
   - ❍ A had … been
   - ❍ B has … been

Lösungen

1. C, 2. A, 3. B, 4. B, 5. C, 6. A, 7. B, 8. A

5. Die Verlaufsform - Gegenwart und Vergangenheit

present progressive
Verlaufsform der Gegenwart

Mit der Verlaufsform der Gegenwart kann man ausdrücken, was gerade geschieht oder was jemand gerade tut.

Das **present progressive** bildet man so:
am/is/are + **-ing**-Form des Verbs

Be careful!

Bei manchen Verben muss man bei der Schreibweise der **-ing**-Form aufpassen.

write → ~~writeing~~ writing | **sit** → ~~siting~~ sitting
rap → ~~raping~~ rapping | Aber: **sleep** → sleeping

signal words
Signalwörter

Für die Verlaufsform der Gegenwart gibt es bestimmte Signalwörter.

now	*jetzt, nun*
at the moment	*im Moment*
just	*gerade*
Look!	*Schau!*
Listen!	*Hör mal!*

negative statements
verneinte Aussagen

Verneinte Sätze in der Verlaufsform der Gegenwart bildet man, indem man nach **am/is/are** das Wörtchen **not** einfügt. Achten Sie mal auf den Unterschied:

I am not listening to the radio. *Ich höre (gerade) nicht Radio.*
I don't listen to the radio. *Ich höre (gewöhnlich) nicht Radio.*

questions
Fragen

So bildet man Fragen in der Verlaufsform der Gegenwart:

Am I walking too fast? *Laufe ich (gerade) zu schnell?*
Is he driving too fast? *Fährt er (gerade) zu schnell?*
What are you doing? – I'm writing an e-mail.
Was machst du gerade? – Ich schreibe eine E-Mail.

short answers
Kurzantworten

Bei positiven Kurzantworten (**yes**) geht nur die Langform von **be**.

Am I walking too fast? – Yes, you are.

Bei negativen Kurzantworten (**no**) verwendet man in der Regel Kurzformen.

Am I walking too fast? – No, you aren't.

Die Langform passt bei negativen Antworten dann, wenn man etwas deutlich betonen möchte.

Am I helping you? – No, you are not.

present simple vs. present progressive
einfache Gegenwart vs. Verlaufsform der Gegenwart

Im Deutschen gibt es keine Zeitform, die mit dem englischen **progressive** vergleichbar ist. Nur in der Umgangssprache findet man eine ähnliche Struktur. Im Englischen wird sehr genau zwischen **simple form** und **progressive form** unterschieden. Hier helfen die Signalwörter.

I'm working now.
Ich arbeite jetzt. (Ich bin jetzt am Arbeiten.)
~~I work now.~~

Listen, your mobile is ringing.
Hör mal, dein Handy klingelt gerade.
~~Listen, your mobile rings.~~

My mobile never rings in the evenings.
Mein Handy klingelt abends nie.
~~My mobile is never ringing in the evenings.~~

Vegetarians don't eat meat.
Vegetarier essen (grundsätzlich) kein Fleisch.
~~Vegetarians aren't eating meat.~~

The Earth goes around the sun.
Die Erde umkreist (immer) die Sonne.

The Earth is going around the sun now.
Die Erde umkreist gerade die Sonne.

past progressive
Verlaufsform der Vergangenheit

Die Verlaufsform gibt es auch in der Vergangenheit. Sie wird gebraucht, um andauernde Handlungen in der Vergangenheit zu beschreiben. Schauen Sie sich einmal die Bedeutungsunterschiede in diesen Beispielen an:

I was reading a book when you arrived.
Ich war gerade dabei, ein Buch zu lesen, als du kamst.

I read a book after you arrived.
Ich las ein Buch, nachdem du gekommen bist.

He was waiting for the bus when I saw him.
Er hat gerade auf den Bus gewartet, als ich ihn sah.

He waited for the bus in the rain.
Er wartete im Regen auf den Bus.

Nice to know!

Verlaufsformen werden häufig für Bildbeschreibungen verwendet. Bilder sind Momentaufnahmen und deshalb wird hier für Aktivitäten die Verlaufsform gebraucht.

QUIZ

Die Verlaufsform – Gegenwart und Vergangenheit

Let's quiz! Haben Sie gut aufgepasst? Jetzt schauen wir mal, was von diesem englischen Phänomen **progressive form** hängen geblieben ist. Einmal sind zwei Antworten richtig.

1. I ______ a baby.
   - ❍ A am expecting
   - ❍ B is expecting
   - ❍ C expect

2. It ______ cats and dogs at the moment.
   - ❍ A is raining
   - ❍ B rains
   - ❍ C 's raining

3. They ______ on the bus to Barcelona.
   - ❍ A are siting
   - ❍ B are sitting
   - ❍ C sitting

4. We ______ to Berlin now, we're going by car.
   - ❍ A are flying not
   - ❍ B don't fly
   - ❍ C aren't flying

5. Am I speaking clearly? – Yes, ______ .
   - ❍ A you are
   - ❍ B you're
   - ❍ C you aren't

6. I ______ on the phone when you came in.
   - ❍ A was talking
   - ❍ B were talking
   - ❍ C talked

7. Look, the bottle ______ juice on the floor.
   - ❍ A leaks
   - ❍ B is leaking
   - ❍ C leaking

Lösungen

1. A, 2. A, C, 3. B, 4. C, 5. A, 6. A, 7. B

6. Die Zukunft

will-future (spontaneous use)
Futur mit „will" (spontane Entscheidungen)

Wenn man sich in einer Situation ganz spontan zu etwas entscheidet, kann man im Deutschen einfach das Präsens verwenden. Im Englischen dagegen braucht man das **will**-Futur.

Das **will-future** bildet man so:
will/won't (will not) + Verb (Grundform)

It's raining! – No problem! My dad will drive us.
Es regnet! – Kein Problem! Mein Vater fährt uns/wird uns fahren.
~~It's raining! – No problem! My dad **drives** us.~~

This bag is heavy. – Wait, I'll carry it for you.
Diese Tasche ist schwer. – Warte, ich trage sie für dich/ich werde sie für dich tragen.
~~This bag is heavy. – Wait, I **carry** it for you.~~

It's so hot. I won't need a coat.
Es ist so heiß. Ich brauche keine Jacke/werde keine Jacke brauchen.
~~It's so hot. I **don't need** a coat.~~

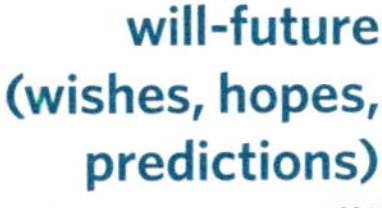

will-future (wishes, hopes, predictions)
Futur mit „will" (Wünsche, Hoffnungen, Vorhersagen)

Mit dem **will**-Futur kann man im Englischen auch Wünsche, Hoffnungen, Annahmen und Vorhersagen ausdrücken. Oft steht hier am Satzanfang **I hope, I think** oder **I'm sure**. Im Deutschen ist das Präsens möglich.

I hope the weather will be nice.
Ich hoffe, das Wetter ist/wird schön.
~~I hope the weather **is** nice.~~

I think she will/'ll pass her exams.
Ich denke, sie besteht/wird ihre Prüfungen bestehen.
~~I think she **passes** her exams.~~

I'm sure we will/'ll like the hotel.
Ich bin sicher, das Hotel gefällt uns/wird uns gefallen.
~~I'm sure we **like** the hotel.~~

I will still be at work at six. Can you come later?
Um sechs bin ich noch bei der Arbeit. Kannst du später kommen?
~~I **am** at work at six. Can you come later?~~

We'll be waiting for you when your train arrives.
Wir warten auf dich, wenn dein Zug ankommt.
~~We **wait** for you when your train arrives.~~

Be careful!

Die Wörtchen **will** *(werden)* und **want to** *(wollen)* sollte man nicht verwechseln.

I will help you. *Ich werde dir helfen.*
I want to help you. *Ich will dir helfen.*

questions
Fragen

Bei Fragen steht entweder **will** oder ein Fragewort + **will** am Satzanfang.

Will the weather be nice at the weekend?
Wird/Ist das Wetter am Wochenende schön?
~~**Is** the weather nice at the weekend?~~

When will you arrive?
Wann werdet ihr ankommen?/Wann kommt ihr an?
~~When **do** you **arrive**?~~

Cherry on top!

Hier kann man darüber streiten: Handelt es sich bei dieser besonderen Frage eher um eine spontane Entscheidung oder eine Vorhersage? Oder stecken vielmehr Hoffnungen und Wünsche dahinter?

Sarah, will you marry me?
Sarah, willst du mich heiraten?

Yes, I will. (or) No, I won't.
Ja, ich will. (oder) Nein, danke.

going to-future
Futur mit „going to"

Wenn man sagen möchte, was man vorhat, was man plant oder beabsichtigt zu tun, oder was sicher eintreffen wird, verwendet man im Englischen das **going to**-Futur. Im Deutschen ist wiederum das Präsens möglich.

Das **going to-future** bildet man so:
am/is/are + going to + Verb (Grundform)

What are you going to do next weekend?
Was machst du nächstes Wochenende? / Was hast du nächstes Wochenende vor?
~~What **do** you **do** next weekend?~~

I'm going to go to the beach.
Ich werde zum Strand gehen. / Ich gehe zum Strand.
~~I **go** to the beach.~~

She is going to eat later.
Sie wird später essen. / Sie isst später.
~~She **eats** later.~~

They are going to enjoy the show.
Sie werden die Show genießen.
~~They **enjoy** the show.~~

Look at those dark clouds. It's going to rain soon.
Schau dir die dunklen Wolken an. Es regnet bald.
(Ich sehe, dass es bald regnen wird.)
~~Look at those dark clouds. It **will** rain soon.~~

Careful! You're going to hit the tree.
Vorsicht! Du fährst gegen den Baum.
(Ich sehe, dass du gleich gegen den Baum fahren wirst.)
~~Careful! You **will** hit the tree.~~

negative statements
verneinte Aussagen

Die Verneinung ist nicht schwer. Hier muss man nur **not** vor **going to** einfügen.

We're not going to eat pizza tonight.
Wir essen heute Abend keine Pizza. / Wir werden heute Abend keine Pizza essen.
~~We don't eat pizza tonight.~~

questions
Fragen

So bildet man Fragen im **going to**-Futur, die man mit *Ja* oder *Nein* beantworten kann:

Is Dad going to make a cake for us?
Backt Papa für uns einen Kuchen?
~~Does Dad make a cake for us?~~

Are we going to stay in a hotel in New York?
Übernachten wir in New York in einem Hotel?
~~Do we stay in a hotel in New York?~~

Bei Fragen mit Fragewort steht das Fragewort am Satzanfang.

What are you going to do today?
Was hast du heute vor? / Was machst du heute?
~~What do you do today? / What make you today?~~

simple present
einfache Gegenwart

Wenn man über feste Termine in der Zukunft sprechen möchte, zum Beispiel in Bezug auf Fahrpläne oder Programme, kann man im Englischen die einfache Gegenwart verwenden. Das ist wie im Deutschen.

The train to Manchester leaves at 12 o'clock.
Der Zug nach Manchester fährt um 12 Uhr ab.

When does the film start?
Wann fängt der Film an?

BLITZQUIZ
Was machst du heute?

- ❍ **A** I'm going to read my book.
- ❍ **B** I go to read my book.
- ❍ **C** I will going to read my book.

present progressive
Verlaufsform der Gegenwart

Wenn man für die Zukunft etwas fest geplant oder vereinbart hat, kann man im Englischen die Verlaufsform der Gegenwart verwenden.

Tomorrow I'm visiting my aunt.
Morgen besuche ich meine Tante.
~~Tomorrow I visit my aunt.~~

What are you doing at the weekend?
Was hast du am Wochenende geplant?

Be careful!

Vorsicht: Diese Struktur ist auch möglich, aber hier ändert sich die Bedeutung.

What do you do at the weekend?
Was machst du (gewöhnlich) am Wochenende?

signal words
Signalwörter

Die Signalwörter sind für alle Zeitformen der Zukunft gleich.

tomorrow	*morgen*
next week	*nächste Woche*
next year	*nächstes Jahr*
soon	*bald*
in the summer	*im Sommer*

Nice to know!

Wenn es um Dinge in der Zukunft geht, muss man sich entscheiden, wie sicher die Aussage wohl eintreffen wird.

Eine spontane Entscheidung? → **will-future**
Ein Wunsch, eine Hoffnung oder Annahme? → **will-future**
Ein Plan oder Vorhaben? → **going to-future**
Eine sichere Vorhersage? → **going to-future**
Ein fester Termin? → **simple present**
Ein fester Plan oder eine feste Vereinbarung?
→ **present progressive**

Lösung Blitzquiz
A

Let's quiz! Im Englischen gibt es verschiedene Möglichkeiten, um über zukünftige Dinge zu sprechen. Alles klar mit dem Futur? Achtung: Einmal sind zwei Antworten richtig.

1. Hold on! ______ the door for you.
   - ❍ A I'll open
   - ❍ B I open
   - ❍ C I'm going to open

2. It's snowing! We ______ bikinis.
   - ❍ A isn't going to need
   - ❍ B are going to need
   - ❍ C won't need

3. I think she ______ yes.
   - ❍ A is going to say
   - ❍ B says
   - ❍ C will say

4. She ______ her new car to work tomorrow.
   - ❍ A drives
   - ❍ B 's going to drive
   - ❍ C 's going to drives

5. They ______ in a tent in the garden tonight.
   - ❍ A aren't going to sleep
   - ❍ B sleep
   - ❍ C are going to sleep

6. ______ they ______ happily ever after?
   - ❍ A Are … going to live
   - ❍ B Will … living
   - ❍ C Do … going to live

7. My first lesson on Monday ______ at 8 o'clock.
   - ❍ A will start
   - ❍ B starts
   - ❍ C is going to start

8. Where ______ you ______ on holiday?
   - ❍ A are … going
   - ❍ B will … go
   - ❍ C is … going

Lösungen

1. A, 2. C, 3. C, 4. B, 5. A, C, 6. A,7. B, 8. A

7. Passiv und Imperativ

passive
Passiv

Mit dem Passiv kann man über eine Handlung Auskunft geben, ohne zu sagen, wer die Handlung ausführt. Wichtig ist nur, was gemacht wird oder wurde, egal von wem.

simple present
einfache Gegenwart

Das Passiv im **simple present** bildet man so:
am/is/are + Partizip (3. Form des Verbs)

English is spoken all around the world.
Englisch wird überall auf der Welt gesprochen.
~~English speaks all around the world.~~

Turkey and potatoes are eaten at Christmas.
An Weihnachten isst man Truthahn und Kartoffeln.
~~Turkey and potatoes eat at Christmas.~~

simple past
einfache Vergangenheit

Das Passiv im **simple past** bildet man so:
was/were + Partizip (3. Form des Verbs)

Rome wasn't built in a day.
Rom wurde nicht an einem Tag erbaut.

Easter eggs were eaten at Easter.
An Ostern wurden Ostereier gegessen.

present/ past perfect
Perfekt/Vorvergangenheit

Das Passiv im **present/past perfect** bildet man so:
has/have/had + been + Partizip (3. Form des Verbs)

The door has been painted.
Die Tür ist gestrichen worden.

The keys had been stolen.
Die Schlüssel waren gestohlen worden.

Remember!

Die Regeln für die Wahl der richtigen Zeitform gelten im Passiv genauso wie bei aktiven Sätzen.

present progressive
Verlaufsform der Gegenwart

Das Passiv im **present progressive** bildet man so:
is/are + **being** + Partizip (3. Form des Verbs)

The door is being painted.
Die Tür wird gerade gestrichen.
~~The door is painted.~~

No games are being played today.
Heute werden keine Spiele gespielt.
~~No games are played today.~~

future
Zukunft

Das Passiv im **will-future** bildet man so:
will + **be** + Partizip (3. Form des Verbs)
Achten Sie mal auf den Bedeutungsunterschied bei diesen Beispielen:

English will be spoken at the meeting.
Bei der Besprechung wird Englisch gesprochen (werden).
English is spoken at the meeting.
Bei der Besprechung wird (immer) Englisch gesprochen.

Tickets will be sent in advance.
Karten werden im Voraus verschickt (werden).
Tickets are sent in advance.
Karten werden (immer) im Voraus verschickt.

with 'by'
mit „by"

Wenn man in einem Passivsatz sagen möchte, wer die Handlung ausführt, braucht man die richtige Präposition. Man ergänzt die Person am Satzende mit **by**.

The ships were built by the shipbuilders.
Die Schiffe wurden von den Schiffsbauern gebaut.
~~The ships were built of the shipbuilders.~~

The light bulb was invented by Thomas Edison.
Der Glühbirne wurde von Thomas Edison erfunden.
~~The light bulb was invented from Thomas Edison.~~

imperative
Imperativ

Wenn man jemanden auffordern möchte, etwas zu tun, braucht man die Befehlsform, auch Imperativ genannt. Dazu wird einfach das Verb in der Grundform an den Satzanfang gestellt. Das funktioniert wie im Deutschen. Im Englischen werden Ausrufezeichen allerdings nicht so oft verwendet.

Close the door.
Schließe die Tür!

Open the window, please.
Öffne bitte das Fenster!

Vielleicht möchte man jemanden aber auch auffordern, etwas gerade nicht zu tun. Dann stellt man **don't** vor das Verb. Im Deutschen ist es gerade andersherum; hier steht *nicht* irgendwo nach dem Verb.

Don't close the door.
Schließe die Tür nicht!
~~Close the door **not**.~~

Don't open the window.
Macht das Fenster nicht auf!
~~Open **not** the window.~~

QUIZ

Passiv und Imperativ

Let's quiz! Passiv und Imperativ – wie geht das nochmal? Probieren Sie doch mal das Quiz.

1. German ______ in Austria and Switzerland too.
   - A are spoken
   - B is spoken
   - C speaks

2. The concert ______ out in minutes.
   - A were sold
   - B was sold
   - C sells

3. Help ______ currently by other countries.
   - A is being promised
   - B is promised
   - C has been promised

4. Homework ______ every day.
   - A was gived
   - B isn't gave
   - C isn't given

5. The shirt is dirty. It ______.
   - A hasn't wash
   - B hasn't been washed
   - C hasn't been wash

6. The floor is wet because the windows ______ open.
   - A had been left
   - B had left
   - C had been leaved

7. The house ______ using modern technology.
   - A will be built
   - B be built
   - C will be build

8. Containers ______ on the docks after the storm.
   - A were leaving
   - B were left
   - C left

Lösungen

1. B, 2. B, 3. A, 4. C, 5. B, 6. A, 7. A, 8. B

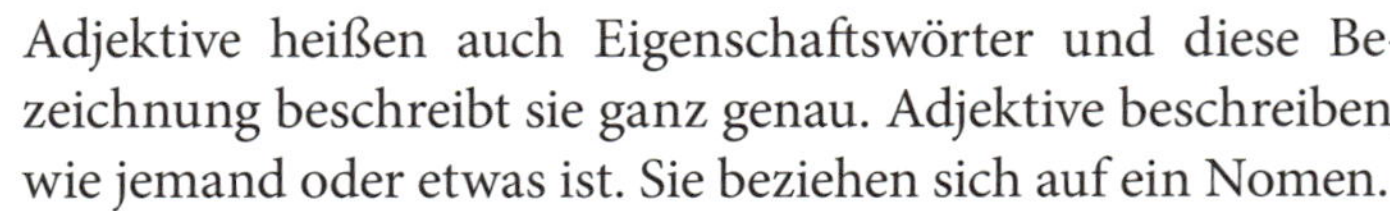

8. Adjektive und Adverbien

What is an adjective?
Was ist ein Adjektiv?

Adjektive heißen auch Eigenschaftswörter und diese Bezeichnung beschreibt sie ganz genau. Adjektive beschreiben, wie jemand oder etwas ist. Sie beziehen sich auf ein Nomen.

The small house on the end is our house.
Das kleine Haus am Ende ist unser Haus.

It is small. *Es ist klein.*

one-syllable adjectives
einsilbige Adjektive

Die Steigerung von englischen Adjektiven funktioniert so: Bei den meisten einsilbigen Adjektiven hängt man -**er** und -**est** an das Ende des Adjektivs. Das ist ähnlich wie im Deutschen.

small → smaller → the smallest
klein, kleiner, der/die/das kleinste

Be careful!

Bei der Schreibweise mancher Adjektive muss man aufpassen.

nice → nicer → the nicest *(nett)*
big → bigger → the biggest *(groß)*
hot → hotter → the hottest *(heiß)*

Es gibt auch ein paar unregelmäßige Adjektive, die sehr häufig vorkommen.

good → better → the best *(gut)*
bad → worse → the worst *(schlecht)*

two-syllable adjectives (-y)
zweisilbige Adjektive (-y)

Nur bei zweisilbigen Adjektiven, die auf -**y** enden, hängt man -**ier** und -**iest** an das Ende des Adjektivs.

easy → easier → the easiest *(einfach)*
happy → happier → the happiest *(glücklich)*
~~easyer, the easyest, happyer, the happyest~~

other two-syllable adjectives and multi-syllable adjectives
andere zweisilbige Adjektive und mehrsilbige Adjektive

Bei zweisilbigen Adjektiven, die nicht auf -y enden, und bei allen mehrsilbigen Adjektiven funktioniert die Steigerung ganz anders. Hier bleibt das Adjektiv gleich, aber man setzt **more** oder **the most** davor.

famous → more famous → the most famous
berühmt, berühmter, der/die/das berühmteste
~~famous, famouser, the famousest~~

expensive → more expensive → the most expensive
teuer, teurer, der/die/das teuerste
~~expensive, expensiver, the expensivest~~

Nice to know!

Es gibt auch eine negative Steigerung. Hier braucht man im Englischen **less** *(weniger)* und **the least** *(am wenigsten)*.

famous → less famous → the least famous
berühmt, weniger berühmt, am wenigsten berühmt

most
die meisten

Mit dem Wörtchen **most** tun sich viele Leute schwer. Im Deutschen darf der bestimmte Artikel nicht fehlen. Im Englischen dagegen muss man genau aufpassen, ob **most** Teil einer Steigerungsform (mit Adjektiv) ist oder nicht.

England is the most beautiful country in the world.
England ist das schönste Land der Welt.

Most Britons love fish and chips.
Die meisten Briten lieben Fish and Chips.
~~The most Britons love fish and chips.~~

Most people who can drive own a car.
Die meisten Menschen, die fahren können, besitzen ein Auto.
~~The most people who can drive own a car.~~

comparisons
Vergleiche

Um Dinge miteinander zu vergleichen, braucht man die richtigen Präpositionen.

My house is as nice as your house.
Mein Haus ist so schön wie dein Haus.
~~My house is **so** nice **like** your house.~~

My house is not as nice as your house.
Mein Haus ist nicht so schön wie dein Haus.
~~My house is not **so** nice **like** your house.~~

She is like her brother.
Sie ist wie ihr Bruder.
~~She is **as** her brother.~~

Ben swims like a fish.
Ben schwimmt wie ein Fisch.
~~Ben swims **as** a fish.~~

She earns more than I do.
Sie verdient mehr als ich.
~~She earns **more as** I do.~~

My house is smaller than your house.
Mein Haus ist kleiner als dein Haus.
~~My house is smaller **as** your house.~~

My house is the biggest in the street.
Mein Haus ist das größte in der Straße.
~~My house is **the most biggest** in the street.~~

Be careful!

Bei Zusammensetzungen mit zwei oder mehr englischen Wörtern kann sich die Schreibweise ändern.

an activity in my free time (ohne Bindestrich)
eine Aktivität in meiner Freizeit

a free-time activity (mit Bindestrich)
eine Freizeitaktivität

It was an eleven-year-old girl in the accident.
Ein elfjähriges Mädchen hatte den Unfall.

What is an adverb?
Was ist ein Adverb?

Ein Adverb beschreibt, wie jemand etwas tut oder wie etwas geschieht. Ein Adverb bezieht sich also immer auf ein Verb (Tätigkeit). Im Englischen kann man ein Adverb in der Regel an der Endung **-ly** erkennen.

She sings beautifully.
Sie singt schön.
~~She sings **beautiful**.~~

The house is painted perfectly.
Das Haus ist perfekt gestrichen.
~~The house is painted **perfect**.~~

Mit Adverbien kann man auch Vergleiche anstellen:

She sings more beautifully than I do.
Sie singt schöner als ich.
~~She sings **more beautiful** than I do.~~

Remember!

Bei der Schreibweise mancher Adverbien müssen Sie besonders aufpassen.

easily ~~**easyly**~~	*einfach, leicht*
fully ~~**fullly**~~	*voll, komplett*
historically ~~**historicly**~~	*geschichtlich, historisch*

Be careful!

Bei manchen englischen Verben wie **be** oder **feel, look, smell, sound, taste** steht immer ein Adjektiv.

Be careful, this bridge is low.
Vorsicht, diese Brücke ist niedrig.
~~Be careful, this bridge is **lowly**.~~

This pullover feels soft.
Dieser Pullover fühlt sich weich an.
~~This pullover feels **softly**.~~

You look wonderful.
Du siehst wundervoll aus.
~~You look **wonderfully**.~~

adjective = adverb
Adjektiv = Adverb

Die meisten Adverbien im Englischen werden gebildet, indem man **-ly** an das Adjektiv anhängt. Es gibt allerdings eine Reihe von Ausnahmen. Folgende Formen sind zugleich Adjektiv und Adverb in der angegebenen Bedeutung.

daily	*täglich*
early	*früh*
fast	*schnell*
hard	*hart*
late	*spät*
long	*lang*

Dave always drives fast.
Dave fährt immer schnell.
~~Dave always drives fastly.~~

wrong connections
falsche Verwandte

Folgende Wörter sehen zwar so aus, als wären sie die direkten adverbialen Verwandten, aber dieser Eindruck täuscht! Hier gibt es Bedeutungsunterschiede.

dead	*tot*
deadly	*tödlich*
hard	*hart*
hardly	*kaum*
late	*spät*
lately	*in letzter Zeit*
short	*kurz*
shortly	*bald, in Kürze*

The snake is dead.
Die Schlange ist tot.
The snake is deadly.
Die Schlange ist tödlich.

Our flight is short.
Unser Flug ist kurz.
Our flight will land shortly.
Wir werden in Kürze landen.

Be careful!

Das englische Adjektiv **good** heißt als Adverb nicht **goodly**, sondern **well**. Das Wort **goodly** ist ein eigenes Adjektiv. Das Wort **well** wird auch als Adjektiv verwendet; dann bedeutet es: *in guter gesundheitlicher Verfassung.*

You speak English well. (adverb) *Sie sprechen gut Englisch.*
~~You speak English good.~~

She's well. (adjective) *Ihr geht es (gesundheitlich) gut.*
The number of spectators was of a goodly size.
Die Zahl der Zuschauer war beträchtlich.

adjectives ending in -ly
Adjektive, die auf -ly enden

Obwohl sie schon auf **-ly** enden, sind folgende Wörter keine Adverbien, sondern Adjektive.

cowardly	*feige*
friendly	*freundlich*
lively	*lebendig*
lovely	*schön, nett*
lonely	*einsam*
silly	*albern*

Um diese Wörter adverbial zu verwenden, benutzt man eine Ergänzung (**way** oder **manner**).

She sang in a lovely way. *Sie sang schön (auf schöne Weise).*
~~She sang lovely.~~

They reacted in a cowardly manner.
Sie reagierten feige (auf eine feige Art).
~~They reacted cowardly.~~

adjective or adverb?
Adjektiv oder Adverb?

Bei Zusammensetzungen muss man aufpassen. Für Adjektive braucht man im Englischen einen Bindestrich.

She wasn't well paid. (adverb + verb)
Sie wurde nicht gut bezahlt.

She didn't have a well-paid job. (adjective)
Sie hatte keinen gut bezahlten Job.

QUIZ

Adjektive und Adverbien

Let's quiz! Jetzt geht es darum, Dinge oder Tätigkeiten zu beschreiben. Welche Wörter sind richtig?

1. I worked ______ last night.	❍ A latly	❍ B late	❍ C lately
2. I clean my windows ______.	❍ A daily	❍ B dailily	❍ C dailyly
3. We had a ______ meal.	❍ A love	❍ B lovey	❍ C lovely
4. The girls laughed in a ______ way.	❍ A sillily	❍ B sillyly	❍ C silly
5. We ______ spoke to each other in the car.	❍ A hard	❍ B hardly	❍ C harder
6. My dad speaks French ______.	❍ A good	❍ B well	❍ C goodly
7. The flowers were ______ expensive ones I've ever seen.	❍ A the most	❍ B most	❍ C the mostly
8. ______ students walk to school.	❍ A The most	❍ B Mostly	❍ C Most
9. The river was ______.	❍ A fast movingly	❍ B fast moving	❍ C fast-moving
10. A ______ boy was in the accident.	❍ A 10-year-old	❍ B 10 year old	❍ C 10-year old

Lösungen

1. B, 2. A, 3. C, 4. C, 5. B, 6. B, 7. A,
8. C, 9. B, 10. A

9. Mengenwörter

much and many
viel und viele

Die Wörtchen **much** *(viel)* und **many** *(viele)* werden leicht verwechselt. Die Steigerungsformen sind gleich. Jedoch kann **much** nur mit unzählbaren Nomen verwendet werden.

much time	**more time**	**(the) most time**
viel Zeit	*mehr Zeit*	*die meiste Zeit*

There wasn't ~~many~~ much money on my account.
Es war nicht viel Geld auf meinem Konto.

Für zählbare Nomen im Plural braucht man **many**.

many people	**more people**	**(the) most people**
viele Leute	*mehr Leute*	*die meisten Leute*

I know ~~much~~ many people in New York.
Ich kenne viele Leute in New York.

little and few
wenig und wenige

Alles klar mit **much** und **many**? Die Unterscheidung von **little** *(wenig)* und **few** *(wenige)* funktioniert genauso.

little time	**less time**	**(the) least time**
wenig Zeit	*weniger Zeit*	*die wenigste Zeit*
few people	**fewer people**	**(the) fewest people**
wenige Leute	*weniger Leute*	*die wenigsten Leute*

a little and a few
ein wenig und ein paar (wenige)

Die Mengenbezeichnungen **a little** *(ein wenig)* und **a few** *(ein paar wenige)* haben keine Steigerung.

I have a little time before my train leaves.
Ich habe ein wenig Zeit, bevor mein Zug fährt.

I have a few things in my bag.
Ich habe ein paar (wenige) Sachen in meiner Tasche.

Aber: **I have few things (left) in my bag.**
Ich habe wenige Sachen in meiner Tasche.

Remember!

much benutzt man für Nomen, die man nicht zählen kann, z.B. **flour** *(Mehl)*, **water** *(Wasser)* oder **time** *(Zeit)*.

many benutzt man für Nomen, die man zählen kann, z.B. **people** *(Leute)*, **buttons** *(Knöpfe)* oder **coins** *(Münzen)*.

a lot of
viel, viele

Oft werden **much** und **many** durch **a lot of** ersetzt, besonders in der Alltagssprache. In (positiven) Aussagesätzen verwendet man **much** im Englischen nicht, es klingt unnatürlich.

I have a lot of time.
Ich habe viel Zeit.
~~I have **much** time.~~

I don't have much/a lot of time.
Ich habe nicht viel Zeit.

I know many/a lot of people.
Ich kenne viele Leute.

some, any and no
etwas, einige und kein

Die Bedeutung von **some** und **any** ist ähnlich (*etwas* bei nicht zählbaren Wörtern, *einige* oder *ein paar* bei zählbaren Wörtern). Im Deutschen müssen sie nicht immer übersetzt werden.

I'd like some fruit, please.
Ich möchte gerne (etwas) Obst.
~~I'd like fruit, please.~~

We must buy some eggs.
Wir müssen (einige/ein paar) Eier kaufen.
~~We must buy eggs.~~

I haven't got any milk./I have no milk.
Ich habe keine Milch.
~~I haven't got milk.~~

We don't have any money./We have no money.
Wir haben kein Geld.
~~We don't have money.~~

'some' and 'any' in statements and questions
„some" und „any" in Aussagesätzen und Fragen

Man verwendet **some** in positiven Aussagesätzen und in Fragen, in denen man um etwas bittet oder etwas anbietet.

Would you like some tea?
Möchten Sie (etwas) Tee?
~~Would you like any tea?~~

Bei anderen Fragen ist dagegen **any** richtig.

Do you have any money?
Haben Sie Geld?
~~Do you have some money?~~

'some' and 'any' in negative statements
„some" und „any" in verneinten Aussagen

In verneinten Sätzen steht nicht **some**, sondern **any**. Die Kombination **not + any** ergibt die Bedeutung *kein(e)*.

I don't have any time.
Ich habe keine Zeit.
~~I don't have some time.~~

She hasn't read any books.
Sie hat keine Bücher gelesen.
~~She hasn't read some books.~~

Nice to know!

Es gibt auch verschiedene Zusammensetzungen mit **some** und **any**. Sie werden genauso verwendet.

something und **anything**	*(irgend)etwas*
somebody und **anybody**	*(irgend)jemand*
someone und **anyone**	*(irgend)jemand*
somewhere und **anywhere**	*irgendwo*

Remember!

Die Kombination **not + any** heißt auf Deutsch:

not … anything → *nichts*
not … anybody/anyone → *niemand*
not … anywhere → *nirgendwo*
not … anymore → *nicht mehr*

Let's quiz! Haben Sie sich alle Mengenwörter gemerkt? Ein paar typische Beispiele gibt es hier im Quiz.

1. How ______ time have we got? ❍ A much ❍ B many
2. We have ______ time than I thought. ❍ A the least ❍ B less ❍ C little
3. There were ______ people at the party. ❍ A much ❍ B many
4. But ______ people were dancing than eating. ❍ A the least ❍ B the fewest ❍ C fewer
5. We saw ______ people we knew. ❍ A a few ❍ B a little ❍ C a lot
6. We haven't got ______ chocolate. ❍ A some ❍ B any
7. Can you buy ______ milk, please? ❍ A any ❍ B some
8. I'd like ______ bananas and ice cream. ❍ A some ❍ B any

Lösungen
1. A, 2. B, 3. B, 4. C, 5. A, 6. B, 7. B, 8. A

10. Pronomen

personal pronouns
Personal-pronomen

Wie der Name schon sagt, stehen Pronomen für ein oder mehrere Nomen.

the boy/Dave → he
the girl/Sarah → she
the zebra → it
my friend and I → we
Dave and Sarah → they

Das Personalpronomen **they** kann im Englischen unterschiedlich verwendet werden.

The people/They said the car park was full.
Die Leute/Sie sagten, dass das Parkhaus voll war.

They said the weather will get better.
Man sagt, dass das Wetter besser wird.

Wenn man nicht genau weiß, ob man es mit einer weiblichen oder männlichen Person zu tun hat, kann man im Englischen anstatt **he or she** einfach **they** sagen.

What is Leslie like? – I don't know. They start on Monday.
Wie ist Leslie? – Weiß ich nicht. Er oder sie fängt am Montag an. (Leslie ist sowohl ein männlicher als auch weiblicher Name.)

Be careful!

Im Englischen benutzt man **it** für alle Dinge. Im Deutschen ist das anders.

the pen	*der Stift*	**It is blue.**	*Er ist blau.*
the bag	*die Tasche*	**It is nice.**	*Sie ist schön.*
the house	*das Haus*	**It is small.**	*Es ist klein.*

Haustiere haben Namen und in diesem speziellen Fall sagt man im Englischen auch **he** oder **she**.

Cherry on top!

Du, ihr oder Sie? Ganz schön kompliziert im Deutschen. Im Englischen gibt es dafür nur ein Wort: **you**. Was ist hier wohl gemeint?

You can say you to me.
Du kannst „du" zu mir sagen.
oder
Sie können „Sie" zu mir sagen.

possessive determiners
Possessivbegleiter

Possessivbegleiter drücken aus, wem oder zu wem etwas gehört. Sie stehen vor einem Nomen. Vorsicht: Diese kleinen Wörtchen werden leicht verwechselt.

You have a pen. This is your pen.
Du hast/Ihr habt/Sie haben einen Stift.
Das ist dein/euer/Ihr Stift.
~~You have a pen. This is **you're** pen.~~

They have a pen. This is their pen.
Sie haben einen Stift. Das ist ihr Stift.
~~They have a pen. This is **they're/there** pen.~~

Nice to know!

Im Englischen folgt **own** immer auf ein Nomen mit Genitiv-**'s** oder auf einen Possessivbegleiter. ~~**an own**~~ geht nicht.

She has her own car.
Sie hat ein eigenes Auto.
~~She has an own car.~~

possessive pronouns
Possessivpronomen

Possessivpronomen braucht man, um zu sagen, wem etwas gehört. Sie stehen alleine, ohne ein Nomen.

That's my bag. It's mine.
Das ist meine Tasche. Es ist meine.
~~That's my bag. It's **my**.~~

Is that your hat? Is it yours?
Ist das dein Hut? Ist das deiner?
~~Is that your hat? Is it **your**?~~

This is his (Tom's) bike. It isn't his (Dave's).
Das ist sein Fahrrad. Es ist nicht seins.

It isn't her (Sarah's) coat. It's hers (Anna's).
Es ist nicht ihre Jacke. Es ist ihre.
~~It isn't her coat. It's **her**.~~

They are our tickets. They are ours.
Das sind unsere Tickets. Das sind unsere.
~~They are our tickets. They are **our**.~~

Are these your seats? Are these yours?
Sind das eure Plätze? Sind das eure?

This is their wedding. It's theirs.
Das ist ihre Hochzeit. Es ist ihre.

BLITZQUIZ

Who has a red bag?

- ❍ **A** Sarah has a bag, her bag is blue.
- ❍ **B** David has a bag, his bag is green.
- ❍ **C** Ann and Paul have bags, their bags are red.

reflexive pronouns
Reflexivpronomen

Reflexivpronomen erkennt man im Englischen an der Endung -**self** oder -**selves**. Sie können mit *sich (selbst)* übersetzt werden und beziehen sich zurück auf das vorangehende Nomen oder Pronomen.

I'm teaching myself to play the piano.
Ich bringe mir selbst das Klavierspielen bei.
~~I'm teaching **me** the piano.~~

Be careful you don't cut yourself.
Pass auf, dass du dich nicht schneidest.
~~Be careful you don't cut **you**.~~

He hurt himself playing football.
Er hat sich beim Fußballspielen verletzt.
~~He hurt **him** playing football.~~

She looked at herself in the mirror.
Sie hat sich im Spiegel angeschaut.
~~She looked at **her** in the mirror.~~

The dog washed itself.
Der Hund hat sich geputzt.
~~The dog washed **it**.~~

We enjoyed ourselves at the party.
Wir amüsierten uns bei dem Fest.
~~We enjoyed **ourself** at the party.~~

Help yourselves!
Bedient euch!
~~Help **you**!~~

They helped themselves to drinks.
Sie haben sich bei den Getränken bedient.
~~They helped **themself** to drinks.~~

each other
einander, (sich) gegenseitig

Wie der Name schon sagt, geht es bei **each other** jeweils um eine andere Person.

They recognized each other immediately.
Sie haben sich sofort wiedererkannt.

Lösung Blitzquiz
Ann and Paul.

to look forward to
sich freuen (auf)

Reflexivpronomen kann man nicht immer wortwörtlich in die andere Sprache übersetzen. Die Verwendung im Deutschen und im Englischen ist zum Teil unterschiedlich, das muss man lernen. Schauen Sie mal:

I look forward to meeting you on Sunday.
Ich freue mich, dich am Sonntag kennenzulernen.
~~I look **myself** forward to meeting you on Sunday.~~

to wash
(sich) waschen

Hier gibt es unterschiedliche Möglichkeiten. Es kommt darauf an, was genau man ausdrücken möchte.

I washed my face.
Ich habe mein Gesicht gewaschen.

I washed myself.
Ich habe mich gewaschen.
~~I washed **me**.~~

I washed the clothes myself.
Ich habe die Kleider selber gewaschen.

I washed the car by myself.
Ich habe das Auto alleine gewaschen.
~~I washed the car **alone**.~~

Be careful!

Es gibt einen wichtigen Unterschied zwischen **themselves** und **each other.**

They looked at themselves in the mirror.
Sie schauten sich im Spiegel an (jeder sich selbst).

They looked at each other in the mirror.
Sie schauten sich gegenseitig im Spiegel an (jeder den anderen).

Let's quiz! Waren die Pronomen sehr kompliziert? Schauen wir mal, wie gut das Quiz klappt! Aufgepasst – einmal sind zwei Antworten richtig.

1. Tim is nice. ______ is my brother.	❍ A He	❍ B She	❍ C It
2. She was helpful when we asked ______ for directions.	❍ A him	❍ B it	❍ C her
3. ______ were late and no one helped ______.	❍ A We … us	❍ B They … them	❍ B She … her
4. The dog is hungry. Is this ______ food?	❍ A it's	❍ B its	❍ C it
5. Is that your bag? – No, this is ______.	❍ A my	❍ B theirs	❍ C mine
6. Did you really make this cake ______?	❍ A yourself	❍ B himself	❍ C itself
7. Did they help ______ on the bus?	❍ A themselves	❍ B each other	
8. We built this house ______.	❍ A ourself	❍ B ourselfs	❍ C ourselves

Lösungen
1. A, 2. C, 3. A, B, 4. B, 5. C, 6. A, 7. B, 8. C

11. Bedingungssätze

if-clauses type I
Bedingungssätze Typ I

Einen **if**-Satz verwendet man, wenn man sagen möchte, was unter bestimmten Bedingungen passiert. Bedingungssätze bestehen aus einem Hauptsatz und einem Nebensatz (mit **if**).

Im Nebensatz braucht man das **simple present** (siehe Kapitel II.3) und im Hauptsatz das **will-future** (siehe Kapitel II.6). Im Deutschen kann in beiden Satzhälften einfach das Präsens stehen.

If I play, we will win.
Wenn ich mitspiele, gewinnen wir/werden wir gewinnen.
~~**If I will play, we win.**~~

If I don't play, we won't win.
Wenn ich nicht mitspiele, werden wir nicht gewinnen.
~~**If I won't play, we don't win.**~~

If the car doesn't stop, it will hit the man.
Wenn das Auto nicht anhält, überfährt es den Mann.
~~**If the car won't stop, it hits the man.**~~

Cherry on top!

Im Deutschen kann man **if** *(falls, wenn)* und **when** *(dann, wenn)* einfach mit *wenn* übersetzen. Das geht immer. Im Englischen muss man jedoch genau unterscheiden. Schauen Sie mal:

If I go shopping, I'll buy you a scarf.
(Ich weiß noch nicht, ob ich einkaufen gehe. Aber falls ich gehe, kaufe ich dir einen Schal. Es ist nicht sicher und nur eine Möglichkeit.)

When I go shopping, I'll buy you a scarf.
(Ich gehe auf jeden Fall einkaufen. Das weiß ich schon sicher. Ich weiß nur noch nicht, wann. Aber dann kaufe ich dir einen Schal. Es ist sicher und nur eine Frage des Zeitpunktes.)

if-clauses type II
Bedingungssätze Typ II

Diese Bedingung entspricht gerade nicht der Realität oder ist sogar unwahrscheinlich, aber dennoch möglich.

Im Nebensatz braucht man das **simple past** (siehe Kapitel II.3) und im Hauptsatz steht **would/wouldn't** + Grundform des Verbs. Anders als im Englischen verwendet man im Deutschen in beiden Satzteilen *würde, wäre* oder *hätte* (Konjunktiv).

If I had a dog, I would take it for a walk.
Wenn ich einen Hund hätte, würde ich mit ihm spazieren gehen.
~~If I **would have** a dog, I would take it for a walk.~~

If he learned more, he would get better marks.
Wenn er mehr lernen würde, würde er bessere Noten bekommen.
~~If he **would learn** more, he would get better marks.~~

If I walked faster, I wouldn't always be late.
Wenn ich schneller gehen würde, wäre ich nicht immer zu spät.
~~If I **would walk** faster, I **won't** always be late.~~

If they were vegetarians, they wouldn't eat meat.
Wenn sie Vegetarier wären, würden sie kein Fleisch essen.
~~If they **would be** vegetarians, they wouldn't eat meat.~~

If your mum didn't drive so fast, she wouldn't lose her licence.
Wenn deine Mutter nicht so schnell fahren würde, würde sie ihren Führerschein nicht verlieren.
~~If your mum **wouldn't drive** so fast, she wouldn't lose her licence.~~

Remember!

will oder **would** steht nie im Nebensatz mit **if**!

Nice to know!

Anstatt **If I was** … wird im Englischen oft **If I were** … gesagt.

If I were you, I would ask her for a date.
Wenn ich du wäre, würde ich mich mit ihr verabreden.

if-clauses type III
Bedingungssätze Typ III

Wenn eine Bedingung komplett unrealistisch ist, da sie in der Vergangenheit liegt und nicht mehr erfüllbar ist, verwendet man den Bedingungssatz Typ III. Damit kann man ausdrücken, was gewesen wäre, wenn …

Im Nebensatz braucht man das **past perfect** (siehe Kapitel II.4) und im Hauptsatz steht **would have/wouldn't have** + Partizip (3. Form des Verbs).

If I had played, we would have won.
Wenn ich gespielt hätte, hätten wir gewonnen. (Ich habe aber nicht gespielt.)
~~If I would have played, we had won.~~

If it had rained, we would have gone in the car.
Wenn es geregnet hätte, wären wir mit dem Auto gefahren. (Es hat aber nicht geregnet.)
~~If it would have rained, we had gone in the car.~~

Be careful!

Die Kurzform **'d** kann für verschiedene Verben stehen.

I had got there late./I'd got there late.
Ich war dort spät angekommen.

I would have got there earlier./I'd have got there earlier.
Ich wäre dort früher angekommen.

Nice to know!

Bei allen drei Arten von Bedingungssätzen kann der Nebensatz oder der Hauptsatz zuerst stehen. Beides ist möglich. Beginnt der englische Satz mit **If …**, steht ein Komma zwischen den beiden Satzhälften. Im Deutschen steht immer ein Komma zwischen Hauptsatz und Nebensatz, egal in welcher Reihenfolge der Satz ist.

If I play, we will win. (mit Komma)
Wenn ich spiele, werden wir gewinnen.

We will win if I play. (ohne Komma)
Wir werden gewinnen, wenn ich spiele.

QUIZ

Bedingungssätze

Let's quiz! If, if, if … Gar nicht so einfach. Wie heißen diese deutschen Sätze richtig auf Englisch? Versuchen Sie doch mal das Quiz.

1. Wenn ich Geld gewinne, werde ich ein Auto kaufen.
   - ❍ A If I win some money, I will buy a car.
   - ❍ B If I won some money, I will buy a car.
   - ❍ C If I win some money, I would buy a car.

2. Wenn die Sonne scheint, werde ich keinen Schirm brauchen.
   - ❍ A If the sun will shine, I don't need an umbrella.
   - ❍ B If the sun shined, I won't need an umbrella.
   - ❍ C If the sun shines, I won't need an umbrella.

3. Wenn ich spielen würde, würden wir gewinnen.
   - ❍ A If I would have played, we would win.
   - ❍ B We would win if I had played.
   - ❍ C If I played, we would win.

4. Ich würde nicht lächeln, wenn ich nicht glücklich wäre.
   - ❍ A I wouldn't smile, if I wasn't happy.
   - ❍ B I wouldn't smile if I wasn't happy.
   - ❍ C I wouldn't have smiled if I wasn't happy.

5. Ich hätte es gewusst, wenn ich die Nachrichten geschaut hätte.
   - ❍ A I would have known if I had watched the news.
   - ❍ B I would know if I had watched the news.
   - ❍ C I wouldn't have known if I hadn't watched the news.

6. Wenn ich den Erste-Hilfe-Kurs nicht gemacht hätte, hätte ich nicht helfen können.
   - ❍ A If I did the first-aid course, I would be able to help.
   - ❍ B If I hadn't done the first-aid course, I wouldn't have been able to help.
   - ❍ C If I wouldn't have done the first-aid course, I wouldn't have been able to help.

Lösungen

1. A, 2. C, 3. C, 4. B, 5. A, 6. B

12. Indirekte Rede

Nice to know!

Die wörtliche Rede ist im Englischen ein klein wenig anders als im Deutschen. Nach der Information, wer etwas sagt, steht im Englischen kein Doppelpunkt, sondern ein Komma. Auch die englischen Anführungszeichen sehen anders aus und sitzen oben.

Steve says, "I love London." *Steve sagt: „Ich liebe London."*

direct and reported speech
direkte und indirekte Rede

Wenn ein englischer Satz von der direkten in die indirekte Rede gesetzt wird, kommt es zu einer Verschiebung der Zeitformen. Alle Verben werden in die nächstfernere Vergangenheit gesetzt, also eine Zeitform zurück (**backshift**). Im Deutschen hat man dagegen oft mehrere Möglichkeiten, besonders in der Umgangssprache.

simple present → simple past
"I love London." → He said (that) he loved London.
„Ich liebe London." → Er sagte, dass er London liebe.
~~He said (that) he **loves** London.~~

present perfect → past perfect
"I have run fast." → He said (that) he had run fast.
„Ich bin schnell gerannt." → Er sagte, dass er schnell gerannt sei.
~~He said (that) he **has run** fast.~~

simple past → past perfect
"I ran fast." → He said (that) he had run fast.
„Ich lief schnell." → Er sagte, dass er schnell gelaufen sei.
~~He said (that) he **ran** fast.~~

will → would
"I will be late." → He said (that) he would be late.
„Ich werde zu spät sein." → Er sagte, dass er zu spät sein werde.
~~He said (that) he **will be** late.~~

Remember!

Fragen ohne Fragewort werden in der indirekten Rede z.B. mit **They asked (me)/wanted to know + whether/if** eingeleitet. Die Satzstellung ist dieselbe wie in Aussagesätzen.

"Do you like milk?" → She asked me if I liked milk.
„Magst du Milch?" → Sie fragte mich, ob ich Milch möge.

"Did you like the soup?"
→ They asked me whether I had liked the soup.
„Hat dir die Suppe geschmeckt?"
→ Sie fragten mich, ob mir die Suppe geschmeckt habe.

Bei direkten Fragen mit Fragewort wird das Fragewort in der indirekten Rede beibehalten.

"What film is it?" → They asked what film it was.
„Welcher Film ist es?" → Sie fragten, welcher Film es sei.

Die **backshift**-Regeln gelten hier genauso (siehe Seite 133).

changing the time and place
Anpassung von Zeit- und Ortsangaben

Bei der indirekten Rede muss man im Englischen nicht nur die Zeitformen der Verben (**backshift**), sondern auch die Zeit- und Ortsangaben im Satz anpassen.

"I watched a good film this evening."
→ She said that she had watched a good film ~~this~~ that evening.
„Ich habe heute Abend einen guten Film gesehen."
→ Sie sagte, dass sie heute Abend einen guten Film gesehen habe.

"Today is my birthday." → She said ~~today~~ on that day it was her birthday.
„Heute ist mein Geburtstag." → Sie sagte, dass heute ihr Geburtstag sei.
"I have holiday on these days." → He said that on ~~these~~ those days he had holiday.
„Ich habe an diesen Tagen Urlaub." → Er sagte, er habe an diesen Tagen Urlaub.

"It is raining now." → They said it was raining ~~now~~ then.

„Es regnet jetzt." → Sie sagten, dass es jetzt regne.

"I passed my exams a week ago." → He said he had passed his exams ~~a week ago~~ the week before.
"Ich habe vor einer Woche meine Prüfungen bestanden." → Er sagte, er habe vor einer Woche seine Prüfungen bestanden.

"We lost the match last weekend." → She said that they had lost the match ~~last weekend~~ the previous weekend.
„Wir haben das Spiel letztes Wochenende verloren."
→ Sie sagte, dass sie das Spiel letztes Wochenende verloren haben.

"We will win next week." → She told us that they would win ~~next week~~ the following week.
„Wir werden nächste Woche gewinnen." → Sie sagte uns, dass sie nächste Woche gewinnen würden.

"We're going on holiday tomorrow." → They said they were going on holiday ~~tomorrow~~ the next day.
„Wir fahren morgen in den Urlaub." → Sie sagten, dass sie morgen in den Urlaub führen.

"We've been here before." → They said they had been ~~here~~ there before.
„Wir waren schon mal hier." → Sie sagten, dass sie schon mal hier waren.

Indirekte Rede

Let's quiz! Na, alles verstanden? Welcher Satz in der indirekten Rede passt zur wörtlichen Rede?

1. "I woke up late today."
- ❍ A She said that she had woke up late today.
- ❍ B She said that she had woken up late that day.
- ❍ C She said that I had woken up late today.

2. "She always walks to work."
- ❍ A He told me that she always walks to work.
- ❍ B He told me that she was always walking to work.
- ❍ C He told me that she always walked to work.

3. "We have been here all week."
- ❍ A They said they had been there all week.
- ❍ B They said we had been here all week.
- ❍ C They said they were there all week.

4. "You will like this film."
- ❍ A She told me that I would like this film.
- ❍ B She told me that she will like that film.
- ❍ C She told me that I would like that film.

5. "Do you want to walk home with me?"
- ❍ A She told me I wanted to walk home with her.
- ❍ B She asked me whether I wanted to walk home with her.
- ❍ C She asked me whether I want to walk home with her.

6. "Have you been here before?"
- ❍ A She asked me if I had been there before.
- ❍ B She asked me if I had been here before.
- ❍ C She asked me if I was there before.

7. "Where are we going?"
- ❍ A He asked me where we had been going.
- ❍ B He asked me where they have gone.
- ❍ C He asked me where we were going.

Lösungen
1. B, 2. C, 3. A, 4. C, 5. B, 6. A, 7. C

13. Satzbau

sentence order
Satzstellung

Die Wortstellung in englischen Aussagesätzen sieht grundsätzlich so aus: **S-V-O = subject – verb – object**

In einfachen Strukturen ist das wie im Deutschen. Sobald es etwas komplexer wird und z.B. mehrere Verbformen vorkommen, stimmt es jedoch schon nicht mehr überein.

I have eaten too much.
Ich habe zu viel gegessen.
~~I have too much eaten.~~

adverbs of frequency
Häufigkeitsadverbien

Häufigkeitsadverbien wie **always, often, sometimes, usually, never** stehen im Englischen vor dem Verb.

Dave often forgets his homework.
Dave vergisst oft seine Hausaufgaben.
~~Dave forgets often his homework.~~

Nur in Sätzen mit **be** stehen sie nach dem Verb. Das ist wie im Deutschen.

You are always late.
Du bist immer zu spät.

words of place and time
Orts- und Zeitangaben

Die Reihenfolge von Orts- und Zeitangaben im Satz sind im Deutschen und im Englischen gerade andersherum.

We went to the park yesterday.
Wir gingen gestern zum Park.
~~We went yesterday to the park.~~

Lisa will meet me in town at 3 o'clock.
Lisa trifft mich um 15 Uhr in der Stadt.
~~Lisa will meet me at 3 o'clock in town.~~

Nice to know!

Ort steht immer vor Zeit – genauso wie im Alphabet.

do
„do" als Hilfsverb

Fragen und verneinte Sätze mit **be** funktionieren wie im Deutschen:

Am I late? – No, you aren't late.
Bin ich zu spät? – Nein, du bist nicht zu spät.

In Fragen und verneinten Sätzen, in denen es keine Form von **be** und kein anderes Hilfsverb gibt, braucht man **do**.

Do you speak English? *Sprechen Sie Englisch?*
~~Speak you English?~~

What does that mean? *Was bedeutet das?*
~~What means that?~~

Do you have any time? – No, I don't have any time.
Hast du Zeit? – Nein, ich habe keine Zeit.
~~Have you time? – No, I have not time.~~

Does she like him? – No, she doesn't like him.
Mag sie ihn? – Nein, sie mag ihn nicht.
~~Likes she him? – No, she likes him not.~~

Did you go to town today?
Bist du heute in die Stadt gegangen?
~~Did you went to town today?~~

What did you say?
Was hast du gesagt?
~~What said you?~~

Cherry on top!

In positiven Aussagen wird in der Regel keine Form von **do** als Hilfsverb benötigt – es sei denn, um etwas ganz deutlich zu betonen. Achten Sie mal auf den Unterschied:

I cleaned my teeth. (neutral) *Ich habe mir die Zähne geputzt.*
I did clean my teeth! (betont) *Ich habe mir doch die Zähne geputzt!*

have
das Verb „have"

Genau wie jedes andere Verb braucht **have** in Fragen und verneinten Sätzen **do** als Hilfsverb.

Do you have any money? – I don't have any money.
Hast du Geld? – Ich habe kein Geld.
~~Have you money?~~ – ~~I have not money.~~

Nur wenn **have** als Hilfsverb (z.B. im **present perfect**) verwendet wird oder in Verbindung mit **got** steht, braucht man kein **do**.

Have you got a ticket? – I haven't got a ticket.
Hast du eine Fahrkarte? – Ich habe keine Fahrkarte.
~~Have you a ticket?~~ – ~~I haven't a ticket.~~

what?
das Fragewort „what"

Was? fragt man im Englischen mit **what**. Es gibt aber auch Besonderheiten, wo man im Englischen und im Deutschen unterschiedliche Fragewörter verwendet.

What is that? What did you do?
Was ist das? Was hast du gemacht?

What colour is it?
Welche Farbe hat es?
~~Which colour does it have?~~

What time is it?
Wie spät is es?
~~How late is it?~~

Be careful!

Das Wetter ist ein sehr beliebtes Gesprächsthema. Bei dieser häufigen Frage müssen Sie aufpassen!

What is the weather like?
Wie ist das Wetter?

what or which?
welcher, welche, welches?

Für das Fragewort *welche* gibt es im Englischen zwei Möglichkeiten. **What** verwendet man, wenn man von einer unbeschränkten Anzahl möglicher Antworten ausgeht. **Which** nimmt man, wenn man von einer beschränkten Anzahl möglicher Antworten ausgeht, aus denen man auswählen kann.

What activities are you doing at the weekend?
Welche Aktivitäten machst du am Wochenende?
~~**Which** activities are you doing at the weekend?~~

Which top do you like? The blue one or the red one?
Welches Oberteil magst du? Das blaue oder das rote?
~~**What** top do you like? The blue one or the red one?~~

whose?
wessen?
who's?
wer ist?

Aufgepasst bei **whose** und **who's** – nur die Aussprache ist bei beiden gleich.

Whose book is this?
Wessen Buch ist das?
~~**Who's** book is this?~~

Who's (Who is) Elvis Presley?
Wer ist Elvis Presley?
~~**Whose** Elvis Presley?~~

Be careful!

Vorsicht, Verwechslungsgefahr! Das Wörtchen **who** heißt auf Deutsch nicht *wo* und **where** nicht *wer.*

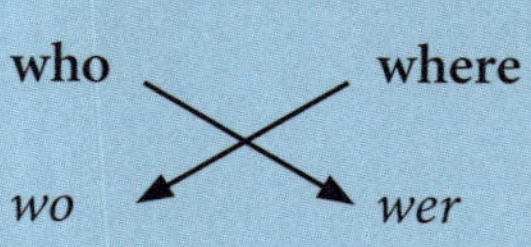

who or whom?
wer, wem, wen?

Mit **who** und **whom** fragt man im Englischen nach Personen. Nach dem Subjekt fragt man mit dem Fragewort **who**. Achtung: Dabei braucht man kein **do**.

Who is that?
Wer ist das?

Who saw you?
Wer hat dich gesehen?
~~Who did see you?~~

Who trusts you?
Wer vertraut dir?
~~Who does trust you?~~

Mit beiden Fragewörtern **who** und **whom** kann man im Englischen nach dem Objekt eines Satzes fragen. Das Fragewort **whom** ist förmlicher. Achtung: Bei Fragen nach dem Objekt braucht man ein Hilfsverb.

Who/Whom do you like?
Wen magst du?
~~Who like you?~~

Who/Whom did you see?
Wen hast du gesehen?
~~Who saw you? Who did see you?~~

Who/Whom does it affect?
Wen betrifft es?
~~Who affects it?~~

Who/Whom do you trust?
Wem vertraust du?
~~Who trust you?~~

Whom should I approach?
An wen soll ich mich wenden?

Remember!

Mit **who** kann man sowohl nach dem Subjekt (ohne Hilfsverb) als auch nach dem Objekt (mit Hilfsverb) fragen.

questions with prepositions
Fragen mit Präpositionen

Bei Fragen mit Präpositionen können im Englischen die Präpositionen am Satzanfang oder am Ende stehen. Fragen mit Präpositionen am Satzanfang sind im Englischen förmlicher. Wird nach einer Person gefragt, müssen Sie wieder besonders aufpassen.

~~Whom~~ Who **did you speak** with**?**
~~With who~~ With whom **did you speak?**
Mit wem haben Sie gesprochen?

~~Whom~~ Who **did you write** to**?**
~~To who~~ To whom **did you write?**
Wem hast du geschrieben?

What **did you talk** about**?**
~~What about~~ About what **did you talk?**
Worüber habt ihr geredet?

(defining) relative clauses
(bestimmende) Relativsätze

Relativsätze sind bestimmte Nebensätze, die eine Person oder eine Sache genauer beschreiben. Es gibt die Relativpronomen **who** (für Personen), **which** (für Dinge) und **that** (für Personen und Dinge).

She's the girl who/that **won the competition.**
Das ist das Mädchen, das den Wettbewerb gewonnen hat.
~~She's the girl **which** won the competition.~~

That's the chair which/that **we bought in the sale.**
Das ist der Stuhl, den wir im Schlussverkauf kauften.
~~That's the chair **who** we bought in the sale.~~

Relativsätze enthalten oft zentrale Informationen, die für das Verständnis des Satzes absolut notwendig sind. Man kann sie nicht weglassen, sonst wäre der Satz grammatikalisch falsch oder unverständlich. Deshalb nennt man sie auch **defining relative clauses**. Achtung: Diese Art Relativsätze steht im Englischen ohne Komma.

This is the dress which/that **I wore at my wedding.**
Das ist das Kleid, das ich an meiner Hochzeit getragen habe.

Das Relativpronomen **whose** (Genitiv) verwendet man sowohl für Personen als auch für Dinge, um Zugehörigkeit oder Besitz auszudrücken.

He's the boy whose parents are teachers.
Er ist der Junge, dessen Eltern Lehrer sind.

Munich is a city whose beer festival is well-known.
München ist eine Stadt, deren Bierfest bekannt ist.

contact clauses
Relativsätze ohne Relativpronomen

Wenn das Relativpronomen nicht das Subjekt des Nebensatzes ist, kann man es im Englischen auch weglassen. Das geht nicht, wenn das Relativpronomen Subjekt ist, d.h. wenn direkt danach ein Verb folgt.

The man (who) we saw on the bus is my uncle.
Der Mann, den wir im Bus sahen, ist mein Onkel.

Aber:
The man who was on the bus is my uncle.
Der Mann, der im Bus war, ist mein Onkel.
~~The man was on the bus is my uncle.~~

Italy is the country (which) I visited in the summer.
Italien ist das Land, das ich im Sommer besucht habe.

Aber:
Italy is the country which has the best pizzas.
Italien ist das Land, das die besten Pizzen macht.
~~Italy is the country has the best pizzas.~~

There are some bags on the table (that) the police have checked.
Auf dem Tisch liegen ein paar Taschen, die die Polizei kontrolliert hat.

Aber:
The bags which are in the sale are on the table.
Die Taschen, die im Schlussverkauf sind, liegen auf dem Tisch.
~~The bags are in the sale are on the table.~~

relative clauses with prepositions
Relativsätze mit Präpositionen

Es gibt auch Relativsätze mit Präpositionen. Ähnlich wie bei den Fragen können die Präpositionen im Englischen am Anfang oder am Ende des Relativsatzes stehen. Fragen mit Präpositionen am Anfang sind im Englischen förmlicher. Wird über eine Person gesprochen, müssen Sie wieder besonders aufpassen.

It's the church which I was married in.
It's the church in which I was married.
Es ist die Kirche, in der ich geheiratet habe.

He was the boy who/that I sat next to at school.
He was the boy next to whom I sat at school.
Er ist der Junge, neben dem ich in der Schule saß.
~~He was the boy **next to who/that** I sat at school.~~

non-defining relative clauses
nicht-bestimmende Relativsätze

Nicht-bestimmende Relativsätze geben zusätzliche, optionale Informationen. Sie enthalten keine Informationen, die für das Verständnis absolut notwendig sind. Wenn man sie weglassen würde, wäre der Satz immer noch grammatikalisch korrekt und verständlich, nur mit etwas weniger Information. Anders als **defining relative clauses** stehen **non-defining relative clauses** im Englischen mit Komma.

My brother, who lives in Scotland, has three children.
Mein Bruder, der in Schottland wohnt, hat drei Kinder.

My brother has three children.
Mein Bruder hat drei Kinder.

I've just returned from Paris, which is my favourite city.
Ich bin gerade aus Paris, das meine Lieblingsstadt ist, zurückgekommen.

I've just returned from Paris.
Ich bin gerade aus Paris zurückgekommen.

In **non-defining relative clauses** steht immer **which, who** oder **whom** am Anfang nach dem Komma. Man kann sie nicht durch **that** ersetzen und man kann die Relativpronomen auch nicht weglassen.

We watched football, which we do every Saturday.
Wir haben Fußball geschaut, was wir jeden Samstag tun.
~~We watched football, **that** we do every Saturday.~~

They spoke about the problem to Sarah, who was in charge of the tour.
Sie sprachen mit Sarah, die für die Tour verantwortlich war, über das Problem.
~~They spoke about the problem to Sarah, **that** was in charge of the tour.~~

Cherry on top!

Es ist nicht immer ganz einfach zu unterscheiden, ob man ein Komma **(non-defining relative clause)** oder kein Komma **(defining relative clause)** im Englischen braucht. Schauen Sie mal:

He gave me the pen, which was in the blue box.
Er gab mir den Stift, der in der blauen Schachtel war. (Es gab nur den einen Stift und dieser war zufällig in der blauen Schachtel. Der Hinweis auf die blaue Schachtel ist nur eine zusätzliche Information und könnte auch weggelassen werden. Es wäre trotzdem klar, welcher Stift gemeint ist.)

He gave me the pen which/that was in the blue box.
Er gab mir den Stift, der in der blauen Schachtel war. (Es gab mehrere Stifte in unterschiedlichen Schachteln. Der Hinweis auf die blaue Schachtel ist eine zum Verständnis notwendige Information. Ohne sie wäre nicht klar, welcher Stift gemeint ist.)

either (of)
beide, eines/ jedes von beiden
neither (of)
kein, keines von beiden

Die Wörtchen **either** oder **neither** in einem Satz bedeuten, dass es zwei Optionen gibt und beide gleich gut oder schlecht sind. Sie haben die Wahl!

You can take either road.
Sie können beide Straßen nehmen. (Jede der beiden Straßen führt zum Ziel.)

Either of them are a good fit.
Beide passen gut. / Jedes von beiden passt gut.

Neither boat was going to England.
Keines der Boote ist nach England gefahren.

Neither of my neighbours are very friendly.
Keiner meiner Nachbarn ist sehr freundlich.

either … or
entweder … oder
neither … nor
weder … noch

Um eine bestimmte Auswahl geht es auch bei **either … or** und **neither … nor**.

You can have either the top or the T-shirt.
Du kannst entweder das Top oder das T-Shirt haben.

I have neither the time nor the energy.
Ich habe weder die Zeit noch die Energie.

Be careful!

Steht im englischen Satz ein **not**, geht nur **either … or.**

I haven't had either the time or the energy.
Ich hatte weder die Zeit noch die Energie.
~~I haven't had neither the time nor the energy.~~

not … either
auch nicht, auch kein

Vorsicht bei dem Wörtchen *auch*: Weder **too** noch **also** können verneint werden. Hier braucht man **either**.

I've got a garage too. / I've also got a garage.
Ich habe auch eine Garage.

I don't have a car either. *Ich habe auch kein Auto.*
~~I don't have a car too. I also don't have a car.~~

Cherry on top!

Die Übersetzung von „auch nicht" nach einem negativen Satz sieht dem Englischen eigentlich gar nicht ähnlich. Steht **neither** oder **nor** am Anfang, ist das ein Sonderfall: Hier ändert sich die reguläre Wortstellung im Satz **S–V–O** (Subjekt – Verb – Objekt). Subjekt und Verb werden vertauscht. Das nennt man auch Inversion.

I don't like this soup. – I don't either./Neither do I.
~~I also not. Neither I do.~~
Ich mag diese Suppe nicht. – Ich auch nicht.

I'm not happy about this situation. – Nor am I.
~~I also not. Nor I am.~~
Ich bin über diese Situation nicht glücklich. – Ich auch nicht.

I haven't done my homework. – Neither have I.
~~I also not. Neither I have.~~
Ich habe meine Hausaufgaben nicht gemacht. – Ich auch nicht.

I don't have a clue about this and ~~neither they do~~ neither do they.
Ich habe keine Ahnung davon und sie auch nicht.

I didn't wash the dishes and ~~neither I did~~ neither did I turn the light off.
Ich habe den Abwasch nicht gemacht und das Licht habe ich auch nicht ausgeschaltet.

He doesn't want to come on holiday with us, ~~nor he wants~~ nor does he want **to stay at home on his own.**
Er möchte nicht mit uns in den Urlaub fahren, aber alleine zu Hause bleiben will er auch nicht.

They are neither/Neither are they **healthy, ~~nor they are~~** nor are they **environmentally friendly.**
Sie sind weder gesund, noch sind sie umweltfreundlich.

QUIZ

Satzbau

Let's quiz! Das waren jetzt sehr viele kleine, aber feine Infos, die man sich merken sollte, um sein Englisch zu verbessern. Wissen Sie alles noch? Welche Übersetzung ist richtig? Aufgepasst – einmal sind zwei Antworten richtig.

1. Hast du Geld?
   - ❍ A Have you money?
   - ❍ B Do you have any money?
   - ❍ C Do have you money?

2. Wir haben kein Ticket gekauft.
   - ❍ A We didn't bought a ticket.
   - ❍ B We haven't bought a ticket.
   - ❍ C We don't have bought a ticket.

3. Welche Farbe hat dein Auto?
   - ❍ A What colour is your car?
   - ❍ B Which colour is your car?
   - ❍ C What colour has your car?

4. Wen hast du eingeladen?
   - ❍ A Whose have you invited?
   - ❍ B Who invited you?
   - ❍ C Who have you invited?

5. Ich ging gestern zur Arbeit.
   - ❍ A I went to work yesterday.
   - ❍ B I went yesterday to work.

6. Sie ist die Frau, die mein Leben gerettet hat.
   - ❍ A She's the woman that saved my life.
   - ❍ B She's the woman who saved my life.
   - ❍ C She's the woman which saved my life.

7. Das ist der Hund, dessen Besitzer gestorben sind.
   - ❍ A That's the dog which owners died.
   - ❍ B That's the dog whose owners died.
   - ❍ C That's the dog who's owners died.

Lösungen
1. B, 2. B, 3. A, 4. C, 5. A, 6. A, B, 7. B

III. RECHTSCHREIBUNG UND AUSSPRACHE

1. Leicht verwechselbare Wörter

Es gibt viele englische Wörter, die in der Aussprache ähnlich oder sogar gleich sind, aber eine unterschiedliche Schreibweise haben. Schauen Sie mal!

brake
Bremse
break
Pause; Bruch

In the break we checked the brakes on my car.
In der Pause überprüften wir die Bremsen an meinem Auto.

break
(zer)brechen
brake
bremsen

I saw the car brake and break the fence when it hit it.
Ich sah, wie das Auto bremste und den Zaun kaputt machte, als es ihn traf.

ate
aß
eight
acht

I ate eight sausages for breakfast.
Ich habe acht Würstchen zum Frühstück gegessen.

desert
Wüste
dessert
Nachtisch, Dessert

Diese beiden Wörter werden unterschiedlich ausgesprochen und betont:

In the desert ['dezət] **we ate wonderful desserts** [di'zɜ:ts]**.**
In der Wüste haben wir tolle Nachspeisen gegessen.

Cherry on top!

Die Verwechslung von **desert** und **dessert** ist ein Fehler, der auch sehr oft von Muttersprachlern gemacht wird. Man sieht sogar **deserts** auf Speisekarten in Restaurants und **desserts** auf Landkarten.

Vielleicht wurden da einfach die Karten verwechselt?

flour
Mehl
flower
Blume

The flower was the same colour as flour.
Die Blume hatte die gleiche Farbe wie Mehl.

for
für
four
vier

I'd like to cook a four-course meal for you.
Ich möchte gern ein Vier-Gänge-Menü für euch kochen.

court
Spielfeld
caught
fing

I caught the ball and threw it back on the court.
Ich fing den Ball und warf ihn zurück auf das Spielfeld.

Be careful!

Im amerikanischen Englisch klingen **court** und **caught** unterschiedlich: In **court** hört man das „r".

affect
beeinflussen, betreffen
effect
bewirken; (Aus-) Wirkung

The problems didn't ~~effect~~ affect me.
Die Probleme haben mich nicht betroffen.

The problems had no ~~affect~~ effect on me.
Die Probleme hatten keine Auswirkung auf mich.

The tablets ~~affected~~ effected an improvement.
Die Tabletten bewirkten eine Verbesserung.

dear
lieb, teuer; Schatz
deer
Hirsch, Reh, Wild

We saw two deer, do you remember, dear?
Wir sahen zwei Rehe, erinnerst du dich, Schatz?

not
nicht
knot
Knoten

The knot in the string was not tight enough.
Der Knoten im Faden war nicht fest genug.

new *neu* **knew** *kannte*	**I knew the new person in the office.** *Ich kannte die neue Person im Büro.*
it's (= it is) *es ist* **its** *sein(e), ihr(e)*	**It's not my fault that the dog has hurt its leg.** *Ich bin nicht schuld daran, dass der Hund sein Bein verletzt hat.*
their *ihr(e)* **they're (= they are)** *sie sind* **there** *da, dort*	**Their friends were at the party.** *Ihre Freunde waren bei dem Fest.* **They're always there.** *Sie sind immer da.*
who's (= who is) *wer ist* **whose** *wessen; dessen, deren*	**Who's the person in the book whose name I always forget?** *Wer ist die Person im Buch, deren Namen ich immer vergesse?*
weather *Wetter* **whether** *ob*	**Who knows whether the weather will be good or bad?** *Wer weiß, ob das Wetter gut oder schlecht sein wird?*
wear *tragen, anhaben* **where** *wo*	**Do you have to wear a uniform where you work?** *Musst du dort, wo du arbeitest, eine Uniform tragen?*
which *welche(r/s); der, die, das* **witch** *Hexe*	**Which witch had a broom which was white?** *Welche Hexe hatte einen Besen, der weiß war?*

QUIZ

Leicht verwechselbare Wörter

Let's quiz! Jetzt geht es darum, die richtige Entscheidung zu treffen. Welches Wort passt in die Lücke?

1. There was a ______ at 11 o'clock. ❍ A brake ❍ B break
2. ______ book is this? ❍ A Who's ❍ B Whose
3. They brought ______ older brother with them. ❍ A there ❍ B their
4. The ______ on the cake was handmade. ❍ A flour ❍ B flower
5. All you could see was sand in the ______. ❍ A desert ❍ B dessert
6. It took us ______ hours to get here. ❍ A for ❍ B four
7. I ______ so much cake at the party. ❍ A ate ❍ B eight
8. I do ______ want to come here again. ❍ A not ❍ B knot
9. The ______ clothes are in the bag. ❍ A new ❍ B knew
10. ______ such a sad day today, isn't it? ❍ A It's ❍ B Its
11. What will the ______ be like tomorrow? ❍ A weather ❍ B whether
12. If we are quiet, we will see some ______. ❍ A dear ❍ B deer
13. I think I'll ______ my new coat to the show. ❍ A wear ❍ B where
14. I dressed up as a ______ for Halloween. ❍ A which ❍ B witch

Lösungen
1. B, 2. B, 3. B, 4. B, 5. A, 6. B, 7. A, 8. A, 9. A, 10. A, 11. A, 12. B, 13. A, 14. B

2. Vorsilben und Endungen

Bei den verschiedenen Formen von Wörtern oder auch verschiedenen Wörtern aus derselben Wortfamilie gibt es einige Besonderheiten bei der Rechtschreibung und Aussprache. Hier sehen Sie ein paar häufige Beispiele.

suffixes
Suffixe

Suffixe sind Endungen (Buchstaben oder Silben), die man am Wortende anhängen kann. Hier gibt es im Englischen ein paar Besonderheiten, die Sie sich merken sollten, um Fehler zu vermeiden.

plurals *Mehrzahl*	baby	babies	~~babys~~	*Baby(s)*
	lady	ladies	~~ladys~~	*Dame(n)*
	knife	knives	~~knifes~~	*Messer*
	life	lives	~~lifes~~	*Leben*
	leaf	leaves	~~leafs~~	*Blatt, Blätter*
	hoof	hooves	~~hoofs~~	*Huf(e)*
	tomato	tomatoes	~~tomatos~~	*Tomate(n)*
	potato	potatoes	~~potatos~~	*Kartoffel(n)*
	sandwich	sandwiches	~~sandwichs~~	*belegte(s) Brot(e)*
	branch	branches	~~branchs~~	*Ast, Äste*
verbs *Verbformen*	marry	marries	~~marrys~~	*heiraten*
	rely	relies	~~relys~~	*sich verlassen*
	make	making	~~makeing~~	*machen, tun*
	care	caring	~~careing~~	*(ver)sorgen*

Be careful!

Die Verben **be** und **see** sind Ausnahmen.

be	being	~~bing~~	*sein*
see	seeing	~~seing~~	*sehen*

consonant at the end of a word
Schlusskonsonant

Hat ein einsilbiges Wort einen kurzen Vokal und einen Konsonanten am Ende, wird der Konsonant beim Anhängen verschiedener Endungen verdoppelt.

hop	**hopping**	~~**hoping**~~	*hüpfen*
fit	**fittest**	~~**fitest**~~	*fit*
clap	**clapped**	~~**claped**~~	*klatschen*

adjectives and adverbs
Adjektive und Adverbien

Durch Anhängen der Endung **-ly** wird in der Regel aus einem Adjektiv ein Adverb. Hier ein paar Besonderheiten:

Adjektive, die auf **-able**, **-ible** oder **-uble** enden, verlieren das **-le**, bevor die Endung **-ly** angehängt wird.

probable	**probably**	~~**probablely**~~	*wahrscheinlich*
possible	**possibly**	~~**possiblely**~~	*möglich*
soluble	**solubly**	~~**solublely**~~	*löslich*

Adjektive, die auf **-e** enden, behalten das **-e** und daran wird die Endung **-ly** angehängt.

absolute	**absolutely**	~~**absolutly**~~	*absolut*
definite	**definitely**	~~**definitly**~~	*definitiv*
extreme	**extremely**	~~**extremly**~~	*extrem*

Adjektive, die auf **-l** enden, behalten das **-l** und daran wird die Endung **-ly** angehängt.

beautiful	**beautifully**	~~**beautifuly**~~	*hübsch*
historical	**historically**	~~**historicaly**~~	*historisch*
careful	**carefully**	~~**carefuly**~~	*vorsichtig*

Bei Adjektiven, die auf **-y** enden, wird das **-y** durch **-i-** ersetzt und daran wird die Endung **-ly** angehängt.

easy	**easily**	~~**easyly**~~	*einfach*
angry	**angrily**	~~**angryly**~~	*verärgert*
busy	**busily**	~~**busyly**~~	*beschäftigt*

job names
Berufsbezeichnungen

Bei Berufsbezeichnungen gibt es mehrere Möglichkeiten. Hier muss man wissen, welche Endung die richtige ist.

buy	**buyer**	*Käufer/in*
teach	**teacher**	*Lehrer/in*
music	**musician**	*Musiker/in*
electric	**electrician**	*Elektriker/in*
advise	**advisor**	*Berater/in*
act	**actor**	*Schauspieler*

Nice to know!

Im Gegensatz zum Deutschen gibt es im Englischen viel weniger weibliche Formen von Berufen.

actor	*Schauspieler*
actress	*Schauspielerin*

prefixes
Präfixe

Präfixe (Vorsilben) sind Silben, die man an den Anfang eines Wortes stellt, um ein neues Wort zu bilden. Es gibt viele Ähnlichkeiten zwischen dem Englischen und dem Deutschen, aber doch auch einige Unterschiede.

official	**unofficial**	~~**inofficial**~~	*(in)offiziell*
pack	**unpack**	~~**outpack**~~	*(aus)packen*
correct	**incorrect**		*(in)korrekt, richtig/falsch*
complete	**incomplete**	~~**uncomplete**~~	*(un)vollständig*
possible	**impossible**	~~**unpossible**~~	*(un)möglich*
polite	**impolite**	~~**unpolite**~~	*(un)höflich*
agree	**disagree**		*(nicht) zustimmen*
like	**dislike**		*(nicht) mögen*
cook	**overcook**		*(ver)kochen*
do	**overdo**		*machen, tun/ übertreiben*

QUIZ

Vorsilben und Endungen

Let's quiz! Jetzt schauen wir doch mal, was Sie sich alles gemerkt haben.

	A	B
1. There were three ______ at the door.	❍ A wolves	❍ B wolf
2. I only found one ______ in my salad.	❍ A tomatoe	❍ B tomato
3. My mum always ______ when I'm late.	❍ A worrys	❍ B worries
4. I ______ him on the shoulder.	❍ A tapped	❍ B taped
5. The boy ______ carried my bag.	❍ A helpfuly	❍ B helpfully
6. The dog barked ______.	❍ A nastyly	❍ B nastily
7. The ______ had a lovely voice.	❍ A speakor	❍ B speaker
8. The man on the phone was very ______.	❍ A unhelpful	❍ B inhelpful
9. The workshop was very ______.	❍ A disorganised	❍ B inorganised
10. The food at the party was ______.	❍ A unedible	❍ B inedible

Lösungen
1. A, 2. B, 3. B, 4. A, 5. B, 6. B, 7. B,
8. A, 9. A, 10. B

3. „i" oder „e"?

Die Laute „i" und „e" klingen ähnlich; die Buchstaben „i" und „e" werden im Englischen sogar manchmal gleich ausgesprochen. Daher ist es nicht immer einfach, zwischen den beiden zu unterscheiden. Bei manchen englischen Wörtern hilft das entsprechende deutsche Fremdwort.

divide
teilen, trennen

Division und *dividieren* sind jedem bestimmt noch aus dem Mathematikunterricht bekannt.

Divide ten by two and you get five.
Teile zehn durch zwei und du bekommst fünf.

describe
beschreiben

Das nicht sehr häufig vorkommende deutsche Adjektiv *deskriptiv* hilft beim richtigen Schreiben von **describe**. Die englische Vorsilbe **de-** entspricht hier der deutschen Vorsilbe **be-**.

Please describe what the man looked like.
Bitte beschreiben Sie, wie der Mann aussah.

decide
bestimmen, entscheiden

Hier kann man das Adjektiv *dezidiert* zu Hilfe nehmen.

You decide where we should go to eat.
Du bestimmst, wo wir essen gehen.

be
sein
bee
Biene

Obwohl man in beiden Wörtern [i:] hört, ist hier die Anzahl der Buchstaben „e" entscheidend.

I was ~~beeing~~ being followed by a ~~be~~ bee.
Ich wurde von einer Biene verfolgt.

the sound [i:]
der Laut [i:]

Meistens wird das lange [i:] im Englischen mit den Buchstaben „ea“ oder „ee“ geschrieben.

Can you see [si:] **the sea** [si:] **from your room?**
Kannst du von deinem Zimmer aus das Meer sehen?

Es gibt aber noch weitere Möglichkeiten. Diese Wörter werden häufig falsch geschrieben.

May I have a piece [pi:s] **of cake, please?**
Darf ich bitte ein Stück Kuchen haben?

We all want peace [pi:s] **in the world.**
Wir alle wollen Frieden auf der Welt.

Do you believe [biˈli:v] **what I'm telling you?**
Glaubst du, was ich dir erzähle?

I was relieved [riˈli:vd] **to hear you were OK.**
Ich war erleichtert zu hören, dass es dir gut geht.

I received [riˈsi:vd] **a phone call late last night.**
Ich bekam ganz spät gestern Abend einen Anruf.

The man deceived [diˈsi:vd] **my father and he lost his money.**
Der Mann täuschte meinen Vater und er verlor sein Geld.

Nice to know!

Für die Schreibweise von Wörtern mit **-ie-** gibt es eine nette Eselsbrücke auf Englisch:

'i' before 'e' except after 'c'!
„i“ vor „e“ außer nach „c“!

4. Der Buchstabe „o“

Der Buchstabe „o“ hat es in sich. Im Englischen gibt es viele verschiedene Möglichkeiten, wie ein geschriebenes „o“ ausgesprochen werden kann. Schauen Sie mal:

[əʊ] **Here are my animal photos.**
Hier sind meine Tierfotos.

My shirt is yellow.
Mein Hemd ist gelb.

[ɒ] **The kitchen clock is fast.**
Die Küchenuhr geht vor.

The fox ate the chickens.
Der Fuchs fraß die Hühner.

This project must be finished by Friday.
Dieses Projekt muss bis Freitag fertig sein.

[ʌ] **I won the race.**
Ich habe das Rennen gewonnen.

I need one raspberry on my ice cream.
Ich brauche eine Himbeere auf mein Eis.

The young kids ran fast.
Die jüngeren Kinder sind schnell gelaufen.

[aʊ] **Brown bread is healthier than white bread.**
Dunkles Brot ist gesünder als Weißbrot.

We parked in the underground car park.
Wir haben in der Tiefgarage geparkt.

[ʊ] **My foot really hurts.**
Mein Fuß tut echt weh.

Is this the woman in the picture?
Ist das die Frau auf dem Bild?

[ə] **The actor was late.**
Der Schauspieler kam zu spät.

We always forget the time.
Wir vergessen immer die Zeit.

[u:] **We ate seafood at the restaurant.**
Wir haben im Restaurant Meeresfrüchte gegessen.

My new shoes are blue.
Meine neuen Schuhe sind blau.

The tomb was covered with a big stone.
Auf dem Grab stand ein großer Stein.

[ɜ:] **This is my worst nightmare.**
Dies ist mein schlimmster Albtraum.

We didn't learn much at the workshop.
Wir haben nicht viel bei dem Workshop gelernt.

[ɔ:] **Let's explore the area.**
Lasst uns die Umgebung erkunden.

I have four tickets left.
Ich habe vier Karten übrig.

[i] **The three women didn't wait at the café.**
Die drei Frauen warteten nicht am Café.

not (clearly) spoken
(fast) nicht ausgesprochen

The person asked me my name.
Der Person fragte mich nach meinem Namen.

Which symbol is correct?
Welches Symbol ist richtig?

My team was second.
Meine Mannschaft war zweite.

QUIZ

Der Buchstabe „o"

Let's quiz! So viele verschiedene Wörter mit „o"… Haben Sie den Überblick? Versuchen Sie doch mal das Quiz. Welches ist das richtige Reimwort?

1. own ❍ A bone ❍ B town
2. sock ❍ A wok ❍ B work
3. one ❍ A tomb ❍ B ton
4. ground ❍ A bound ❍ B young
5. elevator ❍ A yellow ❍ B baker
6. zoo ❍ A floor ❍ B shoe
7. book ❍ A took ❍ B lock
8. word ❍ A sword ❍ B bird
9. four ❍ A flour ❍ B wore
10. coin ❍ A join ❍ B won

Lösungen

1. A, 2. A, 3. B, 4. A, 5. B, 6. B, 7. A, 8. B, 9. B, 10. A

5. Wörter mit „ough“ und „augh“

Bei Wörtern mit den Buchstabenfolgen „ough“ und „augh“ können leicht Fehler passieren. Diese Buchstabenfolgen werden nicht nur unterschiedlich ausgesprochen, je nach Wort, sondern manche Buchstaben bleiben stumm – man hört sie gar nicht.

[ɔ:] **I thought you liked me.**
Ich dachte, du magst mich.

You ought to ask the kids what they think.
Du solltest die Kinder fragen, was sie meinen.

They fought a good fight.
Sie haben einen guten Kampf geliefert.

He taught me all I know.
Er hat mir alles, was ich weiß, beigebracht.

I bought a new car yesterday.
Ich habe gestern ein neues Auto gekauft.

I caught the ball with my left hand.
Ich habe den Ball mit der linken Hand gefangen.

She gave birth to a daughter.
Sie hat eine Tochter zur Welt gebracht.

[aʊ] **The boughs of the trees were full of fruit.**
Die Äste der Bäume waren voller Früchte.

We had no rain for weeks and there was a drought.
Wir hatten wochenlang keinen Regen und es gab eine Dürre.

[əʊ] **We were late but we still got a park space though.**
Wir waren spät dran, aber wir haben trotzdem einen Parkplatz bekommen.

Although the train was late, we got to the cinema on time.
Obwohl der Zug Verspätung hatte, waren wir rechtzeitig im Kino.

I have made the bread dough, it now has to rise.
Ich habe den Brotteig gemacht, jetzt muss er gehen.

[u:] **The train whizzed through the tunnel.**
Der Zug sauste durch den Tunnel.

[ə] **The police made a thorough search of the house.**
Die Polizei nahm eine gründliche Durchsuchung des Hauses vor.

[ʌf] **The paper felt very rough.**
Das Papier fühlte sich sehr rau an.

This meat is really tough.
Dieses Fleisch ist sehr zäh.

We took enough water with us on the hike.
Wir haben genug Wasser für die Wanderung mitgenommen.

[ɒf] **I still have a really bad cough.**
Ich habe immer noch schlimmen Husten.

[a:f] **There is a real draught coming under that door.**
Unter der Tür zieht es ziemlich durch.

Don't laugh, it's really embarrassing.
Lach nicht, es ist echt peinlich.

QUIZ

Wörter mit „ough" und „augh"

Let's quiz! Alles klar mit „ough" und „augh"? Welches ist das richtige Reimwort?

		A	B
1.	thought	❍ A taught	❍ B drought
2.	ought to	❍ A although	❍ B daughter
3.	bough	❍ A thorough	❍ B drought
4.	dough	❍ A although	❍ B rough
5.	enough	❍ A tough	❍ B cough
6.	laughed	❍ A draught	❍ B caught

Lösungen

1. A, 2. B, 3. B, 4. A, 5. A, 6. A

6. Stimmhaft oder stimmlos?

Es gibt stimmhafte und stimmlose Laute. Stimmhafte Laute werden eher als Klang wahrgenommen und stimmlose Laute eher als Geräusch. Der Unterschied liegt darin, ob die Stimmbänder bei der Aussprache in Schwingung geraten oder nicht beteiligt sind. Zu den stimmhaften Lauten gehören beispielsweise Vokale oder Nasale („m", „n" und „ng"). Konsonanten können sowohl stimmhaft als auch stimmlos sein.

Die Unterscheidung zwischen stimmhaften und stimmlosen Konsonanten ist im Englischen sehr wichtig, da sich dadurch Bedeutungsunterschiede ergeben können. Im Deutschen wird je nach Dialekt nicht so streng unterschieden; in manchen Regionen hört man z.B. keinen Unterschied zwischen „Rad" und „Rat". Das Englische unterscheidet dagegen sehr genau. Achtung: Verwechslungsgefahr!

voiceless vs. voiced
stimmlos vs. stimmhaft

stimmlos	stimmhaft
pup [pʌp] *junger Hund*	**pub** [pʌb] *Kneipe*

The pup ran around in the pub.
Der junge Hund rannte in der Kneipe herum.

muck [mʌk] *Dreck*	**mug** [mʌg] *Becher, Tasse*

The muck on the mug came from the garden.
Der Dreck an dem Becher kam aus dem Garten.

extent [ikˈstent] *Ausmaß*	**extend** [ikˈstend] *erweitern*

The extent of the trouble didn't extend to us.
Das Ausmaß der Probleme hat sich nicht bis zu uns erstreckt.

price [prais] *(Kauf-)Preis*	**prize** [praiz] *Gewinn, Preis*

The price of the prize was under ten pounds.
Der (Kauf-)Preis des Gewinns war unter zehn Pfund.

stimmlos	stimmhaft
teeth [ti:θ] *Zähne*	**teethe** [ti:ð] *zahnen*

Babies teethe when their teeth come.
Babys zahnen, wenn ihre Zähne kommen.

proof [pru:f] *Beweis* | **prove** [pru:v] *beweisen*

We had to prove our innocence with proof.
Wir mussten unsere Unschuld mit Beweisen beweisen.

park [pa:k] *Park* | **bark** [ba:k] *bellen*

The dog barked in the park.
Der Hund bellte im Park.

coat [kəʊt] *Mantel* | **goat** [gəʊt] *Ziege*

The goat wore a white coat.
Die Ziege trug einen weißen Mantel.

town [taʊn] *Stadt* | **down** [daʊn] *unten*

Down in the town there are lots of shops.
Unten in der Stadt gibt es viele Läden.

sip [sip] *Schluck* | **zip** [zip] *Reißverschluss*

After a sip of wine my zip was stuck.
Nach einem Schluck Wein klemmte mein Reißverschluss.

throw [θrəʊ] *werfen* | **though** [ðəʊ] *obwohl*

I throw the ball though I'm not very good.
Ich werfe den Ball, obwohl ich nicht sehr gut darin bin.

fan [fæn] *Ventilator* | **van** [væn] *Kleintransporter*

The van was full of fans.
Der Kleintransporter war voller Ventilatoren.

-s (plurals)
-s (Pluralformen)

Pluralformen mit der Endung -s werden im Englischen tatsächlich unterschiedlich ausgesprochen. Es gibt drei Möglichkeiten, wie man die Endung ausspricht: [s], [z] oder [iz].

cat → cats	[kæts]	*Katze → Katzen*
dog → dogs	[dɒgz]	*Hund → Hunde*
branch → branches	[ˈbraːnʃiz]	*Ast → Äste*

[s] sagt man nach stimmlosen Konsonanten und [z] nach stimmhaften Konsonanten und Vokalen. Endet das Wort auf einen Zischlaut, braucht man die Endung **-es** [iz].

The dogs saw the cats in the branches of the tree.
Die Hunde sahen die Katzen in den Ästen des Baums.
~~The dogs saw the cats in the **branchs** of the tree.~~

-ed (simple past)
-ed (einfache Vergangenheit)

Regelmäßige englische Verben haben in der Vergangenheit die Endung **-ed**. Auch hier gibt es drei Möglichkeiten, wie man die Endung ausspricht: [t], [d] oder [id].

[t] sagt man nach stimmlosen Konsonanten:

He looked [lʊkt] **out of the window.**
Er schaute aus dem Fenster.

We helped [helpt] **at the end.**
Wir haben am Ende geholfen.

They missed [mist] **the train.**
Sie haben den Zug verpasst.

I watched [wɒtʃt] **TV last night.**
Ich habe gestern Abend ferngesehen.

She finished [ˈfiniʃt] **her homework on time.**
Sie machte ihre Hausaufgaben pünktlich fertig.

You laughed [laːft] **so loud.**
Du hast so laut gelacht.

[d] sagt man nach stimmhaften Konsonanten und Vokalen:

We filled [fild] **our bottles under the tap.**
Wir haben unsere Flaschen am Wasserhahn aufgefüllt.

Luckily they saved [seivd] **the child.**
Zum Glück haben sie das Kind gerettet.

Everyone cleaned [kli:nd] **the room after the party.**
Alle haben den Raum nach dem Fest geputzt.

She combed [kəʊmd] **her hair in the mirror.**
Sie kämmte ihr Haar vor dem Spiegel.

We played [pleid] **tennis all afternoon.**
Wir spielten den ganzen Nachmittag Tennis.

Nach einem [t] oder [d] wird jedoch eine ganze Silbe [id] an das Verb gehängt.

I needed [ˈni:did] **new trousers.**
Ich brauchte eine neue Hose.

We wanted [ˈwɒntid] **to go to the museum.**
Wir wollten ins Museum gehen.

They decided [diˈsaidid] **to go by train.**
Sie beschlossen, mit dem Zug zu fahren.

Be careful!

Bei diesen Regeln zu den Pluralformen und der Vergangenheit kommt es immer auf die **Laute** und nicht unbedingt auf die geschriebenen Buchstaben an.

QUIZ

Stimmhaft oder stimmlos?

Let's quiz! Hören Sie den kleinen, aber feinen Unterschied?

1. There was a ______ of cake left. ❍ A pit ❍ B bit

2. Can you tell me the ______ of these books, please? ❍ A prize ❍ B price

3. I couldn't ______ under the water. ❍ A breathe ❍ B breath

4. Wie lautet die Endung von cloth<u>es</u>? ❍ A [z] ❍ B [s]

5. Wie lautet die Endung von cloth<u>s</u>? ❍ A [z] ❍ B [s]

6. Wie lautet die Endung von jogg<u>ed</u>? ❍ A [t] ❍ B [d] ❍ C [id]

7. Wie lautet die Endung von decid<u>ed</u>? ❍ A [t] ❍ B [d] ❍ C [id]

8. Wie lautet die Endung von wash<u>ed</u>? ❍ A [t] ❍ B [d] ❍ C [id]

Lösungen
1. B, 2. B, 3. A, 4. A, 5. B, 6. B, 7. C, 8. A

7. Besondere Laute: „w“, „v“ und „th“

w [w] Das englische [w] wird nicht wie der deutsche Buchstabe „w“ ausgesprochen. Hier passieren leicht Fehler, denn diesen Laut gibt es im Deutschen nicht.

Am Wortanfang vor einem Vokal klingt das englische [w] ein bisschen wie ein „u“.

The wind [wind] **in the west** [west] **is wonderful** [ˈwʌndəfl]**.**
Der Wind im Westen ist wunderbar.

Innerhalb eines Wortes oder am Wortende hört man das „w“ nicht.

The church tower [ˈtaʊə] **can be seen from here.**
Man sieht den Kirchturm von hier aus.

I have to cut the lawn [lɔ:n] **this afternoon.**
Ich muss heute Nachmittag den Rasen mähen.

It is the best show [ʃəʊ]**.**
Es ist die beste Show.

It's the law [lɔ:]**.**
Es ist das Gesetz.

v [v] Der Buchstabe „v“ wird im Englischen immer gleich ausgesprochen, nämlich als [v]. Er klingt wie der deutsche „w“-Laut und darf daher auf keinen Fall als englisches [w] ausgesprochen werden. Auch die Aussprache [f] wie im deutschen Wort *Vogel* ist nicht richtig.

We have [hæv] **various** [ˈveəriəs] **vests** [vests]**.**
Wir haben verschiedene Unterhemden.

Be careful!

Hier besteht Verwechslungsgefahr:

I have a black vest [vest]**,**
I bought it in the west [west]**.**

Cherry on top!

Auch bei den Autos gibt es entscheidende Unterschiede.

VW = vee double u
VW = fau veh

Auch das englische „th" ist ein Laut, den es im Deutschen nicht gibt. Daher tun sich viele Lernende sehr schwer damit. Damit Sie immer richtig verstanden werden, achten Sie auf die richtige Aussprache von „th"!

th [θ] Berühren Sie mit Ihrer Zungenspitze die Rückseite der oberen Schneidezähne und sprechen Sie einen Zischlaut (ähnlich wie „s"), ohne die Zunge dabei zu bewegen. So entsteht das stimmlose (scharfe) **th** [θ]. Aufgepasst: Es klingt zwar ähnlich, wird aber nicht wie [s] oder [f] ausgesprochen. Übung macht den Meister! Versuchen Sie doch mal diesen Zungenbrecher.

Thirty-three thieves had breath like mammoths.
Dreiunddreißig Diebe hatten einen Atem wie Mammuts.

th [ð] Beim stimmhaften (weichen) **th** [ð] ist die Zunge an der gleichen Stelle wie oben bei [θ]. Jedoch spürt man zusätzlich eine Vibration der Stimmbänder (vgl. das weiche „d" im deutschen Wort *reden* oder „s" in *lesen*).

There was this father who bathed with mother.
Es gab diesen Vater, der mit Mutter gebadet hat.

Be careful!

Beachten Sie den Unterschied in folgenden Wortpaaren auf **-th** und **-the**:

breath [breθ] – *Atem*
breathe [bri:ð] – *atmen*
bath [ba:θ] – *Bad*
bathe [beið] – *baden*
teeth [ti:θ] – *Zähne*
teethe [ti:ð] – *zahnen*

BLITZQUIZ
Welcher Satz ist richtig?

❍ **A** The cloth was the wrong colour.
❍ **B** The clothe was the wrong colour.

8. Nicht ausgesprochene Buchstaben

Ein häufiges Phänomen im Englischen ist, dass ein geschriebener Buchstabe gar nicht ausgesprochen wird. Aufgepasst – die folgenden Buchstaben bleiben in bestimmten Wörtern stumm.

a	**logically**	[ˈlɒʤikli]	*logisch*
	musically	[ˈmju:zikli]	*musikalisch*
b	**lamb**	[læm]	*Lamm*
	doubt	[daʊt]	*Zweifel; zweifeln*
	plumber	[ˈplʌmə]	*Klempner/in*
ɔ̃	**scissors**	[ˈsizəz]	*Schere*
	fascinating	[ˈfæsineitiŋ]	*faszinierend*
e	**queue**	[kju:]	*(Warte-)Schlange*
	clothes	[kləʊðz]	*Kleidung*
	slipped	[slipt]	*rutschte; gerutscht*
g	**sign**	[sain]	*Zeichen; unterschreiben*
	foreign	[ˈfɒrin]	*fremd*
h	**ghost**	[gəʊst]	*Geist*
	honest	[ˈɒnist]	*ehrlich*
	hour	[ˈaʊə]	*Stunde*
k	**knife**	[naif]	*Messer*
	know	[nəʊ]	*wissen*

und alle Wörter die mit **kn**- anfangen

l	**calm**	[ka:m]	*ruhig*
	could	[kʊd]	*könnte; konnte*
n	**autumn**	[ˈɔ:təm]	*Herbst*
	column	[ˈkɒləm]	*Spalte*

Lösung Blitzquiz
A

p	**psychology**	[saiˈkɒlədʒi]	*Psychologie*
	receipt	[riˈsi:t]	*Quittung*
	coup	[ku:]	*Coup, Streich*
	raspberry	[ˈra:zbri]	*Himbeere*
	und alle Wörter die mit **ps-** oder **pn-** anfangen		
r	**iron**	[ˈaiən]	*Eisen; bügeln*
	Mrs	[ˈmisiz]	*Frau (Anrede)*
	bigger (BrE)	[ˈbigə]	*größer*
	bird (BrE)	[bɜ:d]	*Vogel*
	fork (BrE)	[fɔ:k]	*Gabel*
s	**island**	[ˈailənd]	*Insel*
	debris	[ˈdebri:]	*Schutt, Trümmer*
t	**castle**	[ˈka:sl]	*Schloss, Burg*
	listen	[ˈlisn]	*(zu)hören*
	gourmet	[ˈgʊəmei]	*Feinschmecker*
u	**guess**	[ges]	*raten*
	tongue	[tʌŋ]	*Zunge*
	built	[bilt]	*baute; gebaut*
w	**who**	[hu:]	*wer*
	wrote	[rəʊt]	*schrieb*
	answer	[ˈa:nsə]	*Antwort; antworten*
	sword	[sɔ:d]	*Schwert*
	two	[tʊ]	*zwei*

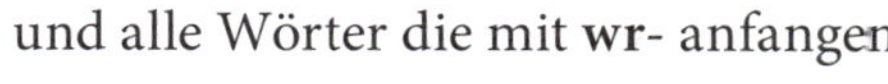
und alle Wörter die mit **wr-** anfangen

Cherry on top!

Viele Buchstaben im Englischen werden in verschiedenen Wörtern unterschiedlich ausgesprochen.

Das Wort **fish** könnte man theoretisch auch **ghoti** schreiben, schauen Sie mal:

f	=	gh	(enou**gh**)
i	=	o	(w**o**men)
sh	=	ti	(op**ti**on)

QUIZ

Nicht ausgesprochene Buchstaben

Let's quiz! Zeit für ein Quiz! Wo bleibt der Buchstabe stumm? Wählen Sie das Wort mit dem nicht ausgesprochenen Buchstaben aus.

	A	B	C
1. b	❍ A comb	❍ B iceberg	❍ C everybody
2. k	❍ A like	❍ B kite	❍ C knot
3. l	❍ A mall	❍ B calf	❍ C style
4. w	❍ A watch	❍ B write	❍ C went
5. h	❍ A honour	❍ B honey	❍ C hair
6. p	❍ A pick	❍ B pneumonia	❍ C hope
7. t	❍ A hospital	❍ B height	❍ C ballet
8. u	❍ A colleague	❍ B rude	❍ C gun
9. s	❍ A guest	❍ B girls	❍ C aisle
10. g	❍ A grave	❍ B though	❍ C strong

Lösungen
1. A, 2. C, 3. B, 4. B, 5. A, 6. B, 7. C,
8. A, 9. C, 10. B

9. Betonung

stress
Betonung

Wenn sich die Betonung von Wörtern ändert, ändert sich auch ihre Bedeutung. Hier sind ein paar Beispiele:

The addict [ˈædikt] **was addicted** [əˈdiktid] **to alcohol.**
Der Süchtige war alkoholabhängig.

The increase [ˈinkri:s] **helped increase** [inˈkri:s] **our profit.**
Die Erhöhung half dabei, unseren Gewinn zu erhöhen.

He liked the present [ˈpreznt] **I presented** [priˈzentid] **him with.**
Ihm gefiel das Geschenk, das ich ihm geschenkt habe.

The produce [ˈprɒʤu:s] **on the market was produced** [prəˈʤu:st] **on the farm.**
Die Erzeugnisse auf dem Markt wurden auf dem Bauernhof hergestellt.

The content [ˈkɒntent] **of this book made me very content** [kənˈtent].
Der Inhalt dieses Buches stellte mich zufrieden.

The soldiers deserted [diˈzɜ:tid] **the army in the desert** [ˈdezət].
Die Soldaten verließen die Armee in der Wüste.

Because he was an invalid [ˈinvəlid] **the fine was invalid** [inˈvælid].
Da er behindert war, war die Strafe ungültig.

I didn't object [əbˈʤekt] **to my object** [ˈɒbʤekt] **being shown.**
Ich hatte nichts dagegen, dass mein Objekt gezeigt wurde.

BLITZQUIZ
Wie ist die Betonung richtig?

❍ **A** We will [ˈkɒntest] the results of the [kənˈtest].

❍ **B** We will [kənˈtest] the results of the [ˈkɒntest].

change of pronunciation
Änderung der Aussprache

Manchmal ändert sich die Betonung oder Aussprache eines Wortes, wenn es eine Vorsilbe oder Endung bekommt oder auch wenn zwei Wörter zusammengesetzt werden.

special [ˈspeʃl] **speciality** [ˌspeʃiˈæləti]
There were specialities on the special menu.
Es gab Spezialitäten auf der Extra-Speisekarte.

break [breik] **fast** [fa:st] **breakfast** [ˈbrekfəst]
If we have a fast break, we can have breakfast.
Wenn wir eine schnelle Pause machen, können wir frühstücken.

mobile [ˈməʊbail] **automobile** [ˌɔ:təməˈbi:l]
I think I have left my mobile in my automobile.
Ich glaube, ich habe mein Handy im Auto gelassen.

intonation of question tags
Betonung bei Bestätigungsfragen

Bestätigungsfragen haben zwei verschiedene Funktionen im Englischen. Manchmal bittet man den Gesprächspartner um weitere Informationen und manchmal möchte man nur in der eigenen Aussage bestätigt werden.

Bei Unsicherheit seitens der sprechenden Person wird die Bestätigungsfrage mit Betonung nach oben ausgesprochen (eher wie eine Frage).

You got the tickets for the concert, didn't you?
Du hast die Karten für das Konzert geholt, oder?/nicht wahr?

Ist die sprechende Person relativ sicher und erwartet lediglich eine Bestätigung ihrer Aussage, so geht am Satzende die Intonation nach unten (eher wie eine Aussage).

That's your new car, isn't it?
Das ist dein neues Auto, oder?/nicht wahr?

Lösung Blitzquiz
B

10. Groß oder klein?

first letters
Anfangsbuchstaben

Anders als im Deutschen schreibt man nicht so viele Wörter im Englischen groß. Klar – natürlich immer am Satzanfang. Englische Nomen werden in der Regel klein geschrieben. Es gibt jedoch auch ein paar besondere Kategorien, die im Englischen grundsätzlich groß geschrieben werden.

names of people
Namen von Personen

My cousin's name is David.
Mein Cousin heißt David.

Remember!

Manchmal kommt es auf den Zusammenhang an:

my aunt, my uncle, my mum, my dad
meine Tante, mein Onkel, meine Mama, mein Papa

Aber als Anrede bzw. mit einem Eigennamen:

Aunt Sally, Uncle John, Mum and Dad

personal titles
persönliche Titel

I have changed doctor, I see Dr Smith now.
Ich habe den Arzt gewechselt, ich bin jetzt bei Dr. Smith.

We saw the Pope when we went to Rome.
Wir haben den Papst gesehen, als wir nach Rom gefahren sind.

Remember!

Das Pronomen **I** wird immer groß geschrieben, nicht aber die Formen **me**, **my** oder **mine**.

When did I get here? When was my bus?
Wann bin ich hier angekommen? Wann kam mein Bus?

place names
Ortsnamen

We spent the weekend in London.
Wir haben das Wochenende in London verbracht.

names of buildings
Namen von Gebäuden

The President of the USA lives in the White House.
Der Präsident der Vereinigten Staaten von Amerika wohnt im Weißen Haus.

Aber:

Anna lives in the white house on the corner.
Anna wohnt in dem weißen Haus an der Ecke.

religion
Religion

I'm Christian and I worship God.
Ich bin Christ und bete zu Gott.

weekdays and months
Wochentage und Monate

Monday, Tuesday and Friday are days of the week.
Montag, Dienstag und Freitag sind Wochentage.

January, March and April are months of the year.
Januar, März und April sind Monatsnamen.

festivals and bank holidays
Fest- und Feiertage

We spend Christmas with my family.
Wir verbringen Weihnachten mit meiner Familie.

There is lots of chocolate at Easter.
Es gibt viel Schokolade an Ostern.

titles of books and films
Buch- und Filmtitel

I love the book Pride and Prejudice.
Ich liebe das Buch „Stolz und Vorurteil".

languages and nationalities
Sprachen und Nationalitäten

I learnt French at school.
Ich habe in der Schule Französisch gelernt.

Cherry on top!

Hier können zwei verschiedene Dinge gemeint sein:

I hated my ~~french~~ French teacher.
Ich hasste meinen Französisch-Lehrer. (Schulfach)
Ich hasste meinen französischen Lehrer. (Nationalität)

11. Getrennt, zusammen oder mit Bindestrich?

Es gibt Wörter im Englischen wie im Deutschen, die getrennt, zusammen oder mit Bindestrich geschrieben werden. Leider funktioniert das nicht immer in beiden Sprachen gleich. Im Englischen gibt es auch nicht so viele lange, zusammengesetzte Wörter wie im Deutschen.

another
noch ein(e); ein(e) andere(r)

I ordered another T-shirt on the internet.
Ich habe noch ein T-Shirt im Internet bestellt.
Ich habe ein anderes T-Shirt im Internet bestellt.
~~I ordered **an other** T-shirt on the internet.~~

(not) any more (BrE)
(not) anymore (AmE)
(nicht) mehr

Hier kommt es darauf an, ob der Satz in British English (BrE) oder American English (AmE) geschrieben ist.

He doesn't live in this flat any more. (BrE)
He doesn't live in this apartment anymore. (AmE)
Er wohnt nicht mehr in dieser Wohnung.

class
Klasse

Manche Zusammensetzungen im Englischen werden zusammen und andere getrennt geschrieben.

My classroom is on the left.
Mein Klassenzimmer ist auf der linken Seite.
~~My **class room** is on the left.~~

My classmates always help me.
Meine Klassenkameraden helfen mir immer.
~~My **class mates** always help me.~~

We went on a class trip to Berlin.
Wir sind auf Klassenfahrt nach Berlin gefahren.
~~We went on a **classtrip** to Berlin.~~

My new class teacher is Mr Brown.
Mein neuer Klassenlehrer ist Mr Brown.
~~My new **classteacher** is Mr Brown.~~

team
Team, Mannschaft

The new person is a great team player.
Der/Die Neue ist ein guter Teamplayer/ist teamfähig.
~~The new person is a great **teamplayer**.~~

I really like teamwork.
Mir gefällt Teamwork/Zusammenarbeit.
~~I really like **team work**.~~

tear
Träne

There were teardrops on my cheek.
Da waren Tränen auf meiner Wange.
~~There were **tear drops** on my cheek.~~

The police used tear gas in the riots.
Die Polizei hat bei den Unruhen Tränengas eingesetzt.
~~The police used **teargas** in the riots.~~

year(s) old
Jahre alt

My 90-year-old grandma died yesterday.
Meine 90-jährige Oma ist gestern gestorben.
~~My **90 year old** grandma died yesterday.~~

My grandma was 90 years old when she died.
Meine Oma war 90 Jahre alt, als sie starb.
~~My grandma was **90-years-old** when she died.~~

warm-hearted
warmherzig

My son's guest family was very warm-hearted.
Die Gastfamilie meines Sohnes war sehr warmherzig.
~~My son's guest family was very **warmhearted**.~~

no one, no-one
niemand, keiner

There's no one/no-one in the house. I'm alone.
Es ist keiner zu Hause. Ich bin alleine.
~~There's **noone** in the house. I'm alone.~~

Nice to know!

Hier kommt es darauf an, ob **free time** alleine oder als Ergänzung vor einem anderen Nomen steht.

What free-time activities do you like?
Welche Freizeitaktivitäten magst du?

What activities do you do in your free time?
Welche Aktivitäten machst du in deiner Freizeit?

tea
Tee

Das Teetrinken ist eine besondere Tradition in Großbritannien und wird gerne zelebriert. Daher gibt es auch sehr viele Zusammensetzungen mit **tea**. Bei manchen Wörtern werden unterschiedliche Schreibweisen akzeptiert, bei anderen wiederum gibt es nur eine mögliche.

My mum collects teacups/tea-cups.
Meine Mutter sammelt Teetassen.
~~My mum collects **tea cups**.~~

The best tea is made with tea leaves/tea-leaves.
Den besten Tee macht man aus Teeblättern.
~~The best tea is made with **tealeaves**.~~

You should make tea in a teapot/tea pot.
Tee sollte in einer Teekanne gemacht werden.
~~You should make tea in a **tea-pot**.~~

We went to a lovely tea shop/teashop in Cornwall.
Wir besuchten eine hübsche Teestube in Cornwall.
~~We went to a lovely **tea-shop** in Cornwall.~~

We got a tea set as a wedding present.
Wir bekamen ein Teeservice als Hochzeitsgeschenk.
~~We got a **teaset/tea-set** as a wedding present.~~

You need three teaspoons of sugar.
Du brauchst drei Teelöffel Zucker.
~~You need three **tea spoons/tea-spoons** of sugar.~~

English teatime is at 5 o'clock.
Englische Teestunde ist um 17 Uhr.
~~English **tea time/tea-time** is at 5 o'clock.~~

I always buy tea towels on holiday.
Ich kaufe immer Geschirrtücher im Urlaub.
~~I always buy **teatowels/tea-towels** on holiday.~~

QUIZ

Getrennt, zusammen oder mit Bindestrich?

Let's quiz! Haben Sie gut aufgepasst? Wie schreibt man die Wörter richtig? Versuchen Sie doch mal das Quiz.

		A	B
1.	Would you like ______ sandwich?	❍ A another	❍ B an other
2.	Our ______ was great, my ______ had a great time.	❍ A class trip, classmates	❍ B classtrip, class mates
3.	I have an ______ brother.	❍ A 11 year old	❍ B 11-year-old
4.	My mum has a ______ job.	❍ A well paid	❍ B well-paid
5.	I do lots of activities in my ______.	❍ A free-time	❍ B free time
6.	The woman at the fair read the ______ in my ______.	❍ A tea leaves, teacup	❍ B tealeaves, tea cup

Lösungen

1. A, 2. A, 3. B, 4. B, 5. B, 6. A

12. Das Komma

Remember!

Es gibt im Englischen gar nicht so viele Kommaregeln wie im Deutschen. Das ist die wichtigste:

If in doubt, leave it out! *Im Zweifel weglassen!*

numbers
Zahlen

Im Englischen ist die Verwendung von Punkt und Komma bei Zahlen genau umgekehrt wie im Deutschen.

10,000 (ten thousand)
10.000 (zehntausend)

£1,000.50 (one thousand pounds and fifty pence)
€1.000,50 (eintausend Euro und 50 Cent)

1.382% (one point three eight two percent)
1,382% (eins Komma drei acht zwei Prozent)
~~1,382% (one **comma** three eight two percent)~~

relative clauses
Relativsätze

Wissen Sie noch? Die Zeichensetzung bei Relativsätzen ist sehr wichtig, da sich dadurch unterschiedliche Bedeutungen ergeben können.

The cars which were red were sold.
Diejenigen Autos, die rot waren, wurden verkauft.
(= Nur die roten Autos wurden verkauft, die anderen nicht.)

The cars, which were red, were sold.
Die Autos, die (übrigens alle) rot waren, wurden verkauft.
(= Alle Autos waren rot und wurden verkauft.)

Beim ersten Satz handelt es sich um einen bestimmenden Relativsatz, der uns eine wichtige Information darüber liefert, welche Autos gemeint sind. **Bestimmende Sätze dürfen kein Komma haben!** Im zweiten Satz ist der Relativsatz dagegen nicht bestimmend; er liefert nur eine zusätzliche (optionale) Information. **Nicht-bestimmende Sätze müssen ein Komma haben!**

sentences
Sätze

Bildet ein Satz das Objekt, Subjekt oder Komplement eines anderen Satzes, werden die beiden Sätze im Englischen nicht durch ein Komma getrennt.

Jane says (that) she has a cold.
Jane sagt, dass sie erkältet ist.
~~Jane says, (that) she has a cold.~~

Tom asked if he could go home.
Tom hat gefragt, ob er nach Hause gehen darf.
~~Tom asked, if he could go home.~~

What you need is a cup of tea.
Was du brauchst, ist eine Tasse Tee.
~~What you need, is a cup of tea.~~

You are what you eat.
Du bist, was du isst.
~~You are, what you eat.~~

Bei anderen Nebensätzen kommt es darauf an, ob sie vor oder nach dem Hauptsatz stehen.

I made some tea when I got home.
When I got home, I made some tea.
Als ich nach Hause kam, machte ich Tee.

Cherry on top!

Bei Aufzählungen und Anreden braucht man ein Komma an der richtigen Stelle. Sonst kann der Satz ganz schnell eine ganz andere Bedeutung bekommen …

The koala eats shoots and leaves.
Der Koala isst Sprossen und Blätter.

The koala eats, shoots and leaves.
Der Koala isst, schießt und geht.

Let's eat, Grandma!
Komm! Wir essen (zusammen), Oma!

Let's eat Grandma!
Komm! Wir essen (unsere) Oma!

Let's quiz! Nun sind Sie an der Reihe: Wo gehört das Komma hin?

1. Die Mädchen, die zu spät kamen, mussten nachsitzen.
   - ❍ A The girls, who were late, got detention.
   - ❍ B The girls who were late got detention.
   - ❍ C The girls who were late, got detention.

2. Falls ich Geld gewinne, kaufe ich ein Auto.
   - ❍ A If I win some money I'll buy a car.
   - ❍ B If I win some money, I'll buy a car.

3. Die drei Jungs auf den Fahrrädern sind Brüder.
   - ❍ A Those three boys, on bikes, are brothers.
   - ❍ B Those three boys on bikes, are brothers.
   - ❍ C Those three boys on bikes are brothers.

4. Elefanten trinken, spritzen und waschen sich im Wasser.
   - ❍ A Elephants drink, squirt and wash in water.
   - ❍ B Elephants drink squirt and wash in water.
   - ❍ C Elephants, drink, squirt and wash in water.

Lösungen

1. B, 2. B, 3. C, 4. A

IV. STIL

1. Anreden

Für Frauen gibt es im Englischen drei mögliche Anreden: **Mrs, Miss** und **Ms.** Sie sind nicht austauschbar und können nicht immer mit dem deutschen „Frau" oder „Fräulein" gleichgesetzt werden.

Mrs
Frau

Mrs verwendet man nur für verheiratete Frauen (bzw. Witwen oder Geschiedene), die den Nachnamen des Mannes haben. Aussprache: [ˈmisiz]

Mr and Mrs Smith have been married since Friday.
Herr und Frau Smith sind seit Freitag verheiratet.

Miss
Fräulein

Miss verwendet man nur für nicht-verheiratete Frauen. Allerdings möchten viele Frauen nicht mehr so angesprochen werden, da hierbei der Familienstand stark im Vordergrund steht. Aussprache: [mis]

Miss Green is marrying Mr Smith next week.
Fräulein Green heiratet nächste Woche Herrn Smith.

Nice to know!

Wie das deutsche „Fräulein" wird im Englischen **Miss** nicht mehr so häufig verwendet. Es wird heute meistens durch **Ms** ersetzt.

Ms
Frau

Die beste Lösung, wenn Sie nicht sicher sind, welche Form richtig (bzw. erwünscht) wäre, ist **Ms.** Viele Frauen bevorzugen diese Anrede, da sie keine Angabe über den Familienstand macht. Aussprache: [miz, məz]

We weren't sure if she was married, so we called her Ms Smith.
Wir waren nicht sicher, ob sie verheiratet war, deshalb haben wir sie mit „Ms Smith" angeredet.

Mr
Herr

Bei der männlichen Anrede gibt es keine Verwechslungsgefahr. Man sagt einfach immer **Mr.**

Mr Smith is marrying Miss Green next week, then he will be called Mr Smith.
Herr Smith heiratet nächste Woche Fräulein Green, dann heißt er (immer noch) „Herr Smith".

Nice to know!

Im amerikanischen Englisch folgt auf jede Abkürzung für eine Anrede ein Punkt (**Mrs., Ms.** und **Mr.**).

Mrs. Smith arrived late at the White House.
Frau Smith kam zu spät am Weißen Haus an.

Cherry on top!

Manche englische Vornamen können sowohl weiblich als auch männlich sein. Wenn Sie über jemanden sprechen, aber nicht sicher sind, ob es sich um eine Frau oder einen Mann handelt, kann man statt **he or she** im Englischen **they** verwenden. Dann sind Sie auf der sicheren Seite.

Is the new Leslie coming to the meeting?
They'll need the minutes from the last meeting.
Kommt der oder die Neue, Leslie, zu der Besprechung?
Er/Sie braucht das Protokoll der letzten Besprechung.

QUIZ

Anreden

Let's quiz! Alles klar mit den Anreden? Wie sprechen Sie diese Personen an? Aufgepasst: Manchmal ist mehr als eine Antwort richtig.

1. Hello, ______ Smith, is this your husband?
   ❍ A Mrs ❍ B Mrs.
2. Nice to meet you at last, ______ Smith.
   ❍ A Miss ❍ B Ms
3. We met a lovely American couple on holiday. They were called ______.
   ❍ A Mr. and Mrs. Smith ❍ B Mr and Mrs Smith
4. My son's teacher is quite old and has never been married. She likes the children calling her ______.
   ❍ A Mrs Smith ❍ B Ms Smith ❍ C Miss Smith
5. My sister hates people knowing she isn't married. Everyone has to say ______ to her.
   ❍ A Mrs Smith ❍ B Ms Smith ❍ C Miss Smith

Lösungen
1. A, B, 2. A, B, 3. A, 4. C, 5. B

2. Briefwechsel

salutation
Anrede

Briefe und E-Mails auf Englisch fangen fast immer mit dem Wort **Dear** an, auch wenn man den Empfänger nicht kennt. Auf diese Anrede folgt ein Komma, kein Ausrufezeichen.

Kennt man den Namen des Empfängers, kann man wie folgt anfangen:

Dear Mr Jones, → *Lieber Herr Jones,*
→ *Sehr geehrter Herr Jones,*
Dear Mrs/Ms Jones, → *Liebe Frau Jones,*
→ *Sehr geehrte Frau Jones,*
Dear James, → *Lieber James,*
Dear Joanne, → *Liebe Joanne,*

Kennt man den Namen des Empfängers nicht, z.B. bei einem Geschäftsbrief, gibt es folgende Möglichkeiten:

Dear Sir, → *(männliche Person)*
Dear Madam, → *(weibliche Person)*
Dear Sir or Madam, → *Sehr geehrte Damen und Herren, (beide Geschlechter)*

Nice to know!

Persönliche Titel werden nicht (wie im Deutschen) gehäuft. Nur die höchste Auszeichnung wird verwendet.

Dr Braun (BrE)/Dr. Braun (AmE) → *Herr Dr. Braun*
Professor Schmidt → *Frau Professor Dr. Schmidt*

Be careful!

Unabhängig davon, ob die Anrede formell oder informell ist, fängt die folgende Zeile immer mit einem Großbuchstaben an.

Dear Mr Jones,/Dear James,
Thank you for your kind letter. …
Lieber Herr Jones,/Lieber James,
vielen Dank für Ihren/deinen netten Brief. …

ending
Schlussformel

Auch auf die Schlussformel in einem Brief oder einer E-Mail folgt im Englischen ein Komma, darunter der eigene Name.

informal
informell

Wenn man sich ein bisschen besser kennt, egal ob privat oder geschäftlich, verwendet man weniger formelle Wendungen:

Kind(est) regards,
Mit freundlichen Grüßen

Best,/Best wishes,
Beste Grüße / Viele Grüße / Schöne Grüße

Für Briefe und E-Mails an enge Freunde oder Verwandte gibt es eine Reihe weiterer Möglichkeiten:

With love,
Liebe Grüße

Take care,
Mach(t)'s gut,

See you (soon),
Bis bald,

Love,
Alles Liebe,

formal
formell

Die übliche Schlussformel bei Geschäftsbriefen und E-Mails lautet:

Yours sincerely, (BrE)
Sincerely (yours), (AmE)
Mit freundlichen Grüßen

In Großbritannien folgt auf **Dear Sir, / Dear Madam, / Dear Sir or Madam**, die Formel:

Yours faithfully,
Mit freundlichen Grüßen

Nice to know!

Bei der Wahl der richtigen Schlussformel kommt es darauf an, ob in der Anrede ein Name genannt wird.

Dear (name),	**Dear Sir,**
Dear Mr (name),	**Dear Madam,**
Dear Ms (name),	**Dear Sir or Madam,**
…	…
↓	↓
Yours sincerely,	**Yours faithfully,**
…	…

greetings
Glückwünsche und Grußformeln

Es gibt im Englischen eine ganze Reihe an guten Wünschen, Glückwünschen und Grußformeln. Aufpassen sollten Sie bei den Präpositionen, die manchmal dabei sind.

Congratulations on passing your exams!
Gratulation zu deinen bestandenen Prüfungen!
~~Congratulations to passing your exams!~~

Good luck in your exams!
Viel Glück bei deinen Prüfungen!
~~Good luck by your exams!~~

Good luck for your driving test!
Viel Glück bei deiner Fahrprüfung!
~~Good luck by your driving test!~~

Welcome home!
Willkommen zu Hause!
~~Welcome at home!~~

Welcome to England!
Willkommen in England!
~~Welcome in England!~~

Well done!
Gut gemacht!

Get well soon!
Gute Besserung!

Let's quiz! Wie heißen diese Redewendungen für Briefe und E-Mails richtig auf Englisch? Aufgepasst: Manchmal gibt es mehr als eine richtige Antwort.

1. Lieber Daniel,
vielen Dank für
deine Einladung.
   - ❍ A Dear Daniel, thank you for your invitation.
   - ❍ B Dear Daniel, Thank you for your invitation.
   - ❍ C Dear Daniel. Thank you for your invitation.

2. Sehr geehrte Frau
Brown,
…
   - ❍ A Dear Mrs Brown, …
   - ❍ B Dear Ms Brown, …
   - ❍ C Dear Mrs. Brown, …

3. Sehr geehrter Herr
Dr. Miller,
…
   - ❍ A Dear Mr Dr Miller, …
   - ❍ B Dear Mr Miller, …
   - ❍ C Dear Dr Miller, …

4. Sehr geehrte
Damen
und Herren,
…
Mit freundlichen
Grüßen …
   - ❍ A Dear Sir or Madam, …
Yours sincerely, …
   - ❍ B Dear Sir or Madam, …
With love, …
   - ❍ C Dear Sir or Madam, …
Yours faithfully, …

5. Liebe Claire,
…
Liebe Grüße …
   - ❍ A Dear Claire, … Yours sincerely, …
   - ❍ B Dear Claire, … With love, …
   - ❍ C Dear Claire, … Yours faithfully, …

6. Herzlichen Glück-
wunsch zur Geburt
deines Sohnes!
   - ❍ A Congratulations on the birth of your son!
   - ❍ B Congratulations for the birth of your son!
   - ❍ C Congratulations to the birth of your son!

Lösungen

1. B, 2. A, B, C, 3. C, 4. C, 5. B, 6. A

3. Höflichkeit

please
bitte

Das Wörtchen **please** kommt im Englischen sehr häufig vor. Man sagt es generell, wenn man um etwas bittet:

Please close the door.
Bitte schließen Sie die Tür.

I'd like this bag, please.
Ich hätte gern diese Tasche.
~~I'd like **please** this bag.~~

You're welcome.
Bitte schön. Nichts zu danken. Gern geschehen.

Wenn sich jemand für etwas bedankt, braucht man als Antwort im Englischen ein anderes *bitte*. *Bitte* im Sinne von *nichts zu danken* oder *gern geschehen* heißt auf Englisch **You're (very) welcome.**

A: **Thanks for the invitation.**
Vielen Dank für die Einladung.

B: **You're welcome.**
Bitte schön./Nichts zu danken./Gern geschehen.

Be careful!

Please heißt *bitte*, aber nicht *bitte schön*.

A: *Hier ist dein Rückgeld.* **Here's your change.**
B: *Danke schön.* **Thank you.**
A: *Bitte schön.* **You're welcome.** ~~**Please**~~.

Wenn man jemandem etwas gibt, sagt man entweder gar nichts oder man kann **Here you are** oder **There you go** (informell) sagen.

A: *Können Sie mir bitte dieses Buch geben?*
Can you give me that book, please?
B: *Bitte schön.* **Here you are./There you go.** ~~**Please**~~.
A: *Danke schön.* **Thank you.**

Thank you.
Danke schön.

Mit **thank you** drückt man Dankbarkeit aus. Das sollte man besonders auf Englisch nie vergessen, um nicht unhöflich zu wirken.

Thank you for coming to visit me.
Danke schön für den Besuch.

Es gibt auch mehr oder weniger förmliche Varianten:

Informell:
Thanks for the coffee.
Danke für den Kaffee.

Formell:
Thank you very much for the lovely flowers.
Vielen Dank für die tollen Blumen.

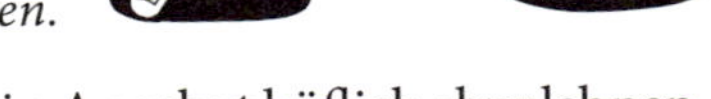

No, thank you sagt man, um ein Angebot höflich abzulehnen.

A: Would you like a dessert?
Möchtest du einen Nachtisch?

B: No, thank you.
Nein, danke.
~~Thank you.~~
(Könnte als Annahme interpretiert werden.)

Sorry.
Entschuldigung.
Es tut mir leid.

Sorry sagt man, wenn man um Verzeihung für etwas Geschehenes bittet, etwas bedauert oder wenn man im britischen Englisch etwas nicht richtig verstanden oder gehört hat.

Sorry I'm late.
Entschuldigung, dass ich mich verspätet habe.
~~Excuse me I'm late.~~

Sorry you missed the show.
Es tut mir leid, dass du die Show verpasst hat.
~~Excuse me you missed the show.~~

Sorry, can you say that again, please? (BrE)
Wie bitte?

Excuse me.
Entschuldigung. Entschuldigen Sie.

Excuse me sagt man, wenn man einen Fremden anspricht, um etwas zu fragen, wenn man an jemandem vorbei möchte oder wenn man im amerikanischen Englisch etwas nicht richtig verstanden oder gehört hat.

Excuse me, can you tell me the way to the station, please?
Entschuldigen Sie, können Sie mir bitte den Weg zum Bahnhof beschreiben?
~~**Sorry**, can you tell me the way to the station, please?~~

Excuse me, can I get past, please?
Entschuldigung, könnte ich bitte vorbei?
~~**Sorry**, can I get past, please?~~

Excuse me, can you say that again, please? (AmE)
Wie bitte?

I don't mind.
Es macht mir nichts aus. Es stört mich nicht.

I don't care.
Es ist mir egal.

Das deutsche Wörtchen *egal* hat verschiedene Bedeutungen. Diese beiden Ausdrücke sollte man im Englischen keinesfalls verwechseln.

I don't mind if you sit next to me.
Mich stört es nicht, wenn du neben mir sitzt.
~~**I don't care** if you sit next to me.~~

I don't mind if we go to the early or the late show.
Es macht mir nichts aus, ob wir zu der frühen oder späten Show gehen.
~~**I don't care** if we go to the early or the late show.~~

I don't care if you lost the match.
Mir ist es egal, wenn ihr das Spiel verloren habt.
~~**I don't mind** if you lost the match.~~

Nice to know!

Im Englischen werden Ausrufezeichen nicht so oft verwendet, meist bei Glückwünschen und Aufforderungen.

Happy Birthday!
Herzlichen Glückwunsch zum Geburtstag!

Hurry up! *Beeile dich!*

requests and offers
Bitten und Angebote

Engländerinnen und Engländer möchten stets höflich bleiben. Es gibt dabei verschiedene Stufen von „höflich“, wenn man jemanden um etwas bitten oder jemandem etwas anbieten möchte.

Formell:

May I see your ticket, please?
Darf/Dürfte ich bitte Ihre Fahrkarte sehen?

You may order the expensive pizza.
Sie dürfen die teure Pizza bestellen.

Do you mind if I sit here?
Macht es Ihnen etwas aus, wenn ich mich hier hinsetze?

Would you like a cup of tea?
Möchten Sie eine Tasse Tee?
~~Do you want a cup of tea?~~

I would like milk in my tea, please.
Ich möchte gerne Milch in meinen Tee.
~~I want milk in my tea.~~

Would you prefer chicken with your salad?
Möchten Sie lieber Hühnchen zu Ihrem Salat?

I would prefer to watch the film in the afternoon.
Ich möchte den Film lieber nachmittags anschauen.

Etwas förmlich:

Could I have water instead of wine, please?
Könnte ich bitte Wasser statt Wein haben?

You could come early to have time to go through the photos.
Sie könnten früher kommen, damit wir Zeit haben, die Fotos durchzugehen.

Freundlich, informell:

Can I help you with your bag?
Kann ich Ihnen mit Ihrer Tasche helfen?

You can sit here if you like.
Sie können hier sitzen, wenn Sie möchten.

QUIZ
Höflichkeit

Let's quiz! Nun wissen Sie, wie man auf Englisch höflich ist. Versuchen Sie doch mal das Quiz. Was sagen Sie hier?

1. Ich hätte gern ein Eis.
   - ❍ A I'd like an ice cream, please.
   - ❍ B I'd like please an ice cream.
   - ❍ C Please, I'd like an ice cream.

2. A: Thanks for the sandwich.
   B: ______
   - ❍ A Nothing to thank.
   - ❍ B Please.
   - ❍ C You're welcome.

3. ______ I forgot your party.
   - ❍ A Sorry
   - ❍ B Excuse me

4. ______ where are the toilets?
   - ❍ A Sorry,
   - ❍ B Excuse me,

5. Möchten Sie hier sitzen?
   - ❍ A Do you want to sit here?
   - ❍ B Would you like to sit here?
   - ❍ C Sit here.

6. ______ if you don't like pizza, we're having it for lunch.
   - ❍ A I don't mind
   - ❍ B I don't care

7. ______ if we sit in the front row.
   - ❍ A I don't mind
   - ❍ B I don't care

Lösungen
1. A, 2. C, 3. A, 4. B, 5. B, 6. B, 7. A

Thank you.
Danke schön.

Mit **thank you** drückt man Dankbarkeit aus. Das sollte man besonders auf Englisch nie vergessen, um nicht unhöflich zu wirken.

Thank you for coming to visit me.
Danke schön für den Besuch.

Es gibt auch mehr oder weniger förmliche Varianten:

Informell:
Thanks for the coffee.
Danke für den Kaffee.

Formell:
Thank you very much for the lovely flowers.
Vielen Dank für die tollen Blumen.

No, thank you sagt man, um ein Angebot höflich abzulehnen.

A: Would you like a dessert?
Möchtest du einen Nachtisch?
B: No, thank you.
Nein, danke.
~~**Thank you.**~~
(Könnte als Annahme interpretiert werden.)

Sorry.
Entschuldigung.
Es tut mir leid.

Sorry sagt man, wenn man um Verzeihung für etwas Geschehenes bittet, etwas bedauert oder wenn man im britischen Englisch etwas nicht richtig verstanden oder gehört hat.

Sorry I'm late.
Entschuldigung, dass ich mich verspätet habe.
~~**Excuse me I'm late.**~~

Sorry you missed the show.
Es tut mir leid, dass du die Show verpasst hat.
~~**Excuse me you missed the show.**~~

Sorry, can you say that again, please? (BrE)
Wie bitte?

Be careful!

Vorsicht bei den Kurzformen: Apostroph nicht vergessen!

Remember!

Bei positiven Kurzantworten (**yes**) ist immer nur die Langform von **be** möglich.

Am I late? – Yes, you are. ~~Yes, you're.~~
Are you late? – Yes, I am. ~~Yes, I'm.~~
Is the train late? – Yes, it is. ~~Yes, it's.~~
Are the children late? – Yes, they are. ~~Yes, they're.~~

Bei negativen Kurzantworten (**no**) verwendet man in der Regel Kurzformen (auch Langformen sind möglich).

Am I late? – No, you aren't.
Are you late? – No, I'm not.
Is the train late? – No, it isn't.
Are the children late? – No, they aren't.

Die Langform passt dann, wenn man etwas deutlich betonen möchte.

You're late. – No, I am not.

Let's quiz! Kurz- oder Langform? Was ist hier wohl richtig?

1. Ich schreibe seit Stunden daran.
   - ❍ A I have been writing this for hours.
   - ❍ B I'm writing this for hours.
   - ❍ C I've written this for hours.
2. Ich rede gerade mit dir.
   - ❍ A I speak to you.
   - ❍ B I am speaking to you.
   - ❍ C I'm speaking to you.
3. Wie lautet die Kurzform von „I am not"?
   - ❍ A I'm not
   - ❍ B I amn't
4. Are you happy?
   - ❍ A Yes.
   - ❍ B Yes, I am.
   - ❍ C No.
5. Were you late?
   - ❍ A No.
   - ❍ B No, I'm not.
   - ❍ C No, I wasn't.
6. Have you watched this film?
   - ❍ A Yes, I have.
   - ❍ B Yes, I've.
   - ❍ C Yes.

Lösungen

1. A, 2. C, 3. A, 4. B, 5. C, 6. A

V. AMERICAN ENGLISH ODER BRITISH ENGLISH?

1. Wortschatz und Rechtschreibung

different word – same meaning
anderes Wort – gleiche Bedeutung

Obwohl American English (AmE) und British English (BrE) nicht verschiedene Sprachen sind, werden manchmal doch verschiedene Wörter verwendet, die die gleiche Bedeutung haben. Hier ein paar Beispiele:

AmE	Deutsch	BrE
apartment	*Wohnung*	**flat**
baggage	*Gepäck*	**luggage**
basement	*Keller*	**cellar**
bathroom	*Toilette*	**toilet**
bill	*Geldschein*	**note**
cellphone	*Handy*	**mobile phone**
check	*Rechnung*	**bill**
cookie	*Keks*	**biscuit**
elevator	*Aufzug*	**lift**
fall	*Herbst*	**autumn**
faucet	*Wasserhahn*	**tap**
first floor	*Erdgeschoss*	**ground floor**
French fries	*Pommes frites*	**chips**
garbage	*Müll*	**rubbish**
gas	*Benzin*	**petrol**
movie theater	*Kino*	**cinema**
pants	*Hose*	**trousers**
parking lot	*Parkplatz/-haus*	**car park**
pretty	*ziemlich*	**quite**
rest room	*öffentliche Toilette*	**public toilet**
sidewalk	*Gehweg*	**pavement**
subway	*U-Bahn*	**underground**
truck	*LKW*	**lorry**
underpants	*Unterhose*	**pants**

Systematische Unterschiede in der Rechtschreibung zwischen AmE und BrE kommen relativ häufig vor. Klassische Beispiele sehen Sie hier.

-or/-our

AmE	Deutsch	BrE
behavior	*Verhalten*	**behaviour**
color	*Farbe*	**colour**
favorite	*Lieblings-*	**favourite**
humor	*Humor*	**humour**
labor	*Arbeit*	**labour**

-er/-re

AmE	Deutsch	BrE
center	*Zentrum*	**centre**
liter	*Liter*	**litre**
meter	*Meter*	**metre**
theater	*Theater*	**theatre**

-se/-ce

AmE	Deutsch	BrE
defense	*Verteidigung*	**defence**
license	*Lizenz, Führerschein*	**licence**
offense	*Straftat, Beleidigung*	**offence**

Be careful!

Hier ist es genau andersherum.

AmE	Deutsch	BrE
practice	*üben*	**practise**

-ize/-ise + -yze/-yse

AmE	Deutsch	BrE
organize	*organisieren*	**organise**
summarize	*zusammenfassen*	**summarise**
analyze	*analysieren*	**analyse**
paralyze	*lähmen*	**paralyse**

-g/-gue

AmE	Deutsch	BrE
analog	*analog*	**analogue**
catalog	*Katalog*	**catalogue**
dialog	*Dialog*	**dialogue**

miscellaneous
sonstige

AmE	Deutsch	BrE
aluminum	*Aluminium*	aluminium
check	*Scheck*	cheque
donut	*Donut*	doughnut
gray	*grau*	grey
jewelry	*Schmuck*	jewellery
program	*Programm, Sendung*	programme
tire	*Reifen*	tyre
I traveled	*ich reiste*	I travelled

Cherry on top!

Was ist hier gemeint?

Let's play football.

Fußball heißt in den USA **soccer** und in Großbritannien **football. American football** ist eine eigene Sportart.

BLITZQUIZ
Wo ist die Eingangstür in einem amerikanischen Haus?

- A basement
- B ground floor
- C first floor
- D second floor

QUIZ

Wortschatz und Rechtschreibung

Let's quiz! Haben Sie gut aufgepasst? Die folgenden Sätze sagt eine Amerikanerin bzw. ein Amerikaner. Wie muss es richtig heißen?

1. We have to ______ for the match on Saturday. ❍ A practise ❍ B practice
2. Read the ______ and answer the questions. ❍ A dialog ❍ B dialogue
3. I didn't ______ you. ❍ A recognize ❍ B recognise
4. My ______ is friendly. ❍ A neighbour ❍ B neighbor
5. These ______ are warm. ❍ A cookies ❍ B biscuits
6. We ______ here by car. ❍ A travelled ❍ B traveled
7. It's just a ______, not a real story. ❍ A pretense ❍ B pretence
8. I have to ______ the car into the space. ❍ A manoeuvre ❍ B maneuver

Lösungen
1. B, 2. A, 3. A, 4. B, 5. A, 6. B, 7. A, 8. B

Lösung Blitzquiz
C

2. Aussprache

the letter "a"
der Buchstabe „a"

In vielen Wörtern, in denen ein „a“ vorkommt, verwendet man in AmE ein [æ] und in BrE ein [a:].

	AmE	BrE	Deutsch
bath	[bæθ]	[ba:θ]	*Bad*
last	[læst]	[la:st]	*letzte(r/s)*
after	[ˈæftər]	[ˈa:ftə]	*nach*

the letter "r"
der Buchstabe „r"

In AmE wird jedes geschriebene „r“ ausgesprochen. In BrE wird ein „r“ nur direkt vor einem Vokallaut ausgesprochen, ein „r“ vor einem Konsonanten bzw. vor einer Pause nicht.

	AmE	BrE	Deutsch
very	[ˈveri]	[ˈveri]	*sehr*
father	[ˈfa:ðər]	[ˈfa:ðə]	*Vater*
turn	[tɜ:rn]	[tɜ:n]	*wenden*

the letter "z"
der Buchstabe „z"

In AmE wird beim Buchstabieren der Buchstabe „z” anders ausgesprochen als in BrE.

	AmE	BrE
z	[zi:]	[zed]
z-o-o	[zi: əʊ əʊ]	[zed əʊ əʊ]

the sound [u:]
der Laut [u:]

In AmE wird der Laut [u:] nicht wie in BrE [ju:] ausgesprochen, sondern das [j] wird weggelassen.

	AmE	BrE	Deutsch
new	[nu:]	[nju:]	*neu*
stupid	[ˈstu:pid]	[ˈstju:pid]	*dumm*
tune	[tu:n]	[tju:n]	*Melodie*

Cherry on top!

Wenn Amerikaner das Wort **herb** *(Kräuter)* sagen, wird es ohne das /h/ am Anfang ausgesprochen. Die Briten sprechen es aber aus. Man kann sich darüber streiten, ob die Amerikaner das /h/ weggelassen oder die Briten es hinzugefügt haben.

Let's quiz! Verstehen Sie die Menschen in den USA, wenn sie Englisch sprechen? Hier können Sie es testen.

1. burn — ❍ A [bɜ:rn] ❍ B [bɜ:n]

2. organize — ❍ A [ˈɔ:gnaiz] ❍ B [ˈɔ:rgnaiz]

3. part — ❍ A [pa:t] ❍ B [pa:rt]

4. banana — ❍ A [bəˈnænə] ❍ B [bəˈna:nə]

5. pyjamas — ❍ A [piˈʤa:məz] ❍ B [piˈʤæməz]

6. panorama — ❍ A [ˌpænəˈra:mə] ❍ B [ˌpænəˈræmə]

7. stupid — ❍ A [ˈstu:pid] ❍ B [ˈstju:pid]

8. due — ❍ A [dju:] ❍ B [du:]

9. The new father had a bath after the last tune.
   - ❍ A [ðə nu: fa:ðər hæd‿ə bæθ æftər ðə læst tu:n.]
   - ❍ B [ðə nju: fa:ðə hæd‿ə ba:θ a:ftə ðə la:st tju:n.]

Lösungen
1. A, 2. B, 3. B, 4. A, 5. B, 6. B, 7. A, 8. B, 9. A

3. Datum, Uhrzeit und Zahlen

the date
das Datum

Bei der numerischen Angabe eines Datums verwenden Amerikanerinnen und Amerikaner die Reihenfolge Monat – Tag – Jahr.

April 17th, 2020 *17. April 2020*

04/17/2020 *17.04.2020*

Valentine's Day is on February 14th.
Am 14. Februar ist Valentinstag.

the time
die Uhrzeit

Die 24-Stunden-Zählung wird in den USA meistens nur vom Militär verwendet. Daher empfiehlt es sich, stattdessen die 12-Stunden-Zählung mit **a.m.** (morgens/vormittags) und **p.m.** (nachmittags/abends) zu gebrauchen.

7:03 a.m. *7:03 Uhr*

3:47 p.m. *15:47 Uhr*

My bus leaves at 2:57 a.m. and arrives at 2:14 p.m.
Mein Bus fährt um 2:57 Uhr los und kommt um 14:14 Uhr an.

numbers: 0
Zahlen: 0

Eine Null in einer Telefonnummer wird in den USA meistens als **zero** ausgesprochen, während sie in Großbritannien als **oh**, also [əʊ], ausgesprochen wird.

501301
five zero one three zero one (AmE)
five oh one three oh one (BrE)
fünf null eins drei null eins

numbers: and
Zahlen: und

Es gibt auch bei größeren Zahlen kleine Unterschiede in der Aussprache.

321
three hundred twenty-one (AmE)
three hundred and twenty-one (BrE)
dreihunderteinundzwanzig

QUIZ

Datum, Uhrzeit und Zahlen

Let's quiz! Prüfen Sie, ob Sie in den USA Datum, Zeit und Zahlen richtig angeben und pünktlich ankommen würden. Welche Antwort ist korrekt?

1. 3. Oktober 1990
   - ❍ A 1990/10/03
   - ❍ B 03/10/1990
   - ❍ C 10/03/1990
2. 11/09/2001
   - ❍ A November 9th, 2001
   - ❍ B 11th September 2001
   - ❍ C September 11th, 2001
3. 29. Februar 2021
   - ❍ A 29/02/2021
   - ❍ B 29th February 2021
   - ❍ C 02/29/2021
4. 7:21 Uhr
   - ❍ A 17:21 a.m.
   - ❍ B 7:21 a.m.
   - ❍ C 7:21 p.m.
5. 17:42 Uhr
   - ❍ A 17:42 p.m.
   - ❍ B 5:42 p.m.
   - ❍ C 7:42 p.m.
6. 0:01 Uhr
   - ❍ A 0:01 a.m.
   - ❍ B 12:01 p.m.
   - ❍ C 0:01 p.m.
7. 023 5609870
   - ❍ A oh two three five six oh nine eight seven oh
   - ❍ B nil two three five six nil nine eight seven nil
   - ❍ C zero two three five six zero nine eight seven zero
8. 479
   - ❍ A four hundred ninety-seven
   - ❍ B four hundred seventy-nine
   - ❍ C four hundred and seventy-nine

Lösungen
1. C, 2. A, 3. C, 4. B, 5. B, 6. A, 7. C, 8. B